大師之路

上班族無痛理財，魔幻取金旅程

汪汪老師———著

投資最大的風險是無知

「股神」華倫‧巴菲特（Warren Edward Buffett）曾說：「錢可以讓我獨立，然後我就可以做任何想做的事。而我最想做的事就是自己當老闆，我不要別人指使我做事。每天都能做我想做的事，對我來說很重要。」

上述這段話引述自巴菲特的自傳《雪球：巴菲特傳》（The Snowball：Warren Buffett and the Business of Life），當時巴菲特才 10 歲（突然想起自己 10 歲時，到底在幹些什麼呢？）巴菲特之所以會有這樣的體悟，可能是小時候被祖父苦毒（台語）。因為他小時候常在祖父的雜貨店打工，工作很辛苦卻只獲得少少的零用錢。這也是為什麼巴菲特從 11 歲就開始學習投資股票了。

反觀我投資股票的時間其實非常晚，真正接觸股票投資還是在我進入職場工作之後。那時我在網路上看過一篇文章〈二個和尚的故事〉，原文網路上都找得到，但作者已不可考，內容大致如下：

有二個和尚分別在兩座山上的廟裡修行，他們時常會在山下溪邊挑水時遇到，久而久之就成為好朋友。但突然有一個月了，左邊山上的和尚都沒下山挑水，於是右邊山上的和尚心想：「我的朋友可能生病了，我過去探望他一下。」

當他到達左邊山上的廟前，看到他的朋友大吃一驚，因為他的朋友正在打太極拳一點事也沒有。於是

他詢問他的老友，為什麼你都不用下山挑水了呢？

左邊山上的老友，跟他說：「過來，我帶你去看。」

他的老友指著一口井說：「這五年來，我一有空就在挖這口井，如今已被我挖出井水了，我就不必再下山挑水，可以有更多時間練我喜歡的太極拳。」

這個故事帶給我的啟示是，挑水就像是工作，只是為了混口飯吃，那並不是自己真正喜歡做的事情。所以為了日後能夠從事自己真正喜歡做的事，我也必須要開始挖一口屬於自己的井。

那我到底要用什麼方法呢？

後來，我看到一本書，書名叫做《富爸爸·有錢有理》（Rich Dad's Cashflow Quadrant：Guide to Financial Freedom）。書中提到一般人的收入可分成四個現金流象限，如下圖：

$$
\begin{array}{c|c}
\mathbf{E} & \mathbf{B} \\
\hline
\mathbf{S} & \mathbf{I}
\end{array}
$$

· E（Employee）代表雇員
· B（Business owner）代表企業所有人
· S（Self-employed）代表自由職業者
· I（Investor）代表投資者

我們在學校所受的教育，其實都是學習將來如何當個企業裡的雇員（E），而當個雇員就代表著你必須一直替別人工作才有薪水可領；或者你可以脫離公司的束縛，當個自行接案子的自由職業者（S），雖然你只要多接案子，你就會變更有錢，但同樣的，若沒案

子接，你就會喝西北風。所以在這個現金流象限的左邊，這些收入都是屬於「主動收入」。

除非跨越現金流象限的右邊，例如你自己創業當老闆（B），聘請專業經理人幫你管理公司，那你就可以不用上班，如同擁有一部賺錢機器；亦或者你可以當個專業投資人（I），讓錢生錢，這樣的你同樣可以不用上班。

因為我沒有一個富爸爸，更不可能成為企業的所有人，所以唯一的機會就是成為一個投資者。於是，就在我開始踏入職場上班的第一年，我就開始存錢買股票了。

小說家菲利浦‧羅斯（Philip Roth）曾說過一句話：「我們現在生活在這樣一個年代裡，任何小說家的想像力，在次日早上的報紙面前都倍顯無力。」而一開始投資股票的我也一樣，完全被報紙的財經版、電視的股票節目和第四台的投顧老師所吸引。

我還記得當時第四台的投顧老師，每當講解股票時，總是會把股票名稱給遮住，除非加入會員才能知道。有一次同事還熱心的告訴我，經過他仔細研究後，終於破解投顧老師說的是哪一檔個股，而他已經跟著買進股票了。

我就是這樣到處跟風和尋找明牌，卻不知早已誤入歧途。有一次我參加同學的婚宴，某位同學跟我大談股票經，說起他們公司的主管們都在買進某家大型企業子公司的股票。而由於近期就連《華爾街日報》都在報導這家子公司的近況，我覺得可信度很高，於是就跟著買進，就連之後即使股價下跌也持續加碼……。但後來的發展並未如此美好，更慘的還在後頭，就是那家某子公司因債務過高

而宣佈下市，我即使要賣股票也賣不掉。後來合計算算，這單交易至少讓我大賠了 20 萬元，這對於剛入行的菜鳥來說，真的是一大筆錢了。

後來經過自我反省，我理解到自己對於投資股票所應了解的知識實在太貧乏。如同巴菲特所說：「投資股票最大的風險是無知。」於是我開始認真的找相關財經書籍來看。

我無意間發現了一本書叫做《牛頓、達爾文與投資股票》，這本書並不是教你如何買股票，而是藉由大量的閱讀，產生思維交叉模型的「交叉網投資理論」，其實就是指查理‧蒙格（Charles Thomas Munger）所提倡的「多元思維」的應用。

於是我看了非常多大師的書，像是與投資股票相關的有班傑明‧葛拉漢（Benjamin Graham）、華倫‧巴菲特、吉姆‧史萊特（Jim Slater）、霍華德‧馬克斯（Howard Stanley Marks）、傑西‧李佛摩（Jesse Lauriston Livermore）、約翰‧馬基（John Magee）、彼得‧林區（Peter Lynch）、約翰 B. 聶夫（John B. Neff）等。非投資相關的有丹尼爾‧康納曼（Daniel Kahneman）、納西姆‧尼可拉斯‧塔雷伯（Nassim Nicholas Taleb）、凱因斯、查理‧蒙格等（繁族不及備載）。

牛頓曾說過：「如果說我看得比別人遠，那是因為我站在巨人的肩上。」而我也是，至今看過的書（投資與非投資）已超過 800 本。此書《大師之路》正是我探索投資大師的學習之旅。

前些年投機之風盛行，巴菲特就頻頻批評羅賓漢（Robinhood）投資平台引誘用戶參與投機，讓股市變賭場。查理‧蒙格也一再警

告比特幣是毒藥。但換來的卻是嘲笑他們已經老了，跟不上時代。而如今都一一應驗，許多羅賓漢用戶出現鉅額虧損，連加密貨幣平台也爆發破產倒閉潮，再也沒有人批評巴菲特和蒙格了。

有一天我在濱海步道跑步時遇到很久沒見的同學，他是一位眾人欽羨的人生勝利組，就是台清交研究所畢業後，直接進入台積電的高材生。我們閒聊到股票時，出呼我意料之外的是，他竟然說因為受不了投機過度，後來直接把證券帳戶給關閉了，從此不想再碰股票。而我則告訴他，我剛開始投資股票也一樣，只是我後來改走了另外一條道路。他問起了那是什麼路？……

若你也正對投機感絕望，想試試尋找另一條山路，可跟著我重新走一趟這個《大師之路》的旅程。旅程的前半段將講述我從大師身上學到哪些技能，後半段將說明我如何挖一口屬於自己的井。

最後，容我們再次聽一聽巴菲特對投資者的叮囑：「在錯誤的道路上奔跑是沒有意義的。」

「召喚」

嗨，大家好，汪汪是我的外號，目前是一位專業股票投資人。首先想跟大家分享我為何會決定辭去工作？轉換跑道的心路歷程。

在一場的演講場合中，一位耶魯學生問了當時的主講者艾倫‧金斯堡一個問題，問他生命中有沒有那一刻讓他有意識地決定要成為一位詩人作家。金斯堡回答：「那不算是一種『選擇』，而是一種『體悟』。」

而我當初也是一樣，只是我的「體悟」來自發生了一場意外！

有一天我忽然從惡夢中驚醒，並嚇出一陣冷汗，和我一起出差的室友，也被我的慘叫聲給嚇了一跳，問我發生了什麼事？我說：「我夢見鬼在追我。」我的室友則安慰我說，可能是最近工作壓力太大了。

這是我第一次夢見鬼，夢中的情境跟喪屍電影很像，我被鬼追著跑，於是心中產生了不好的預感。而那一陣子我身體的確出現異狀，胃一直不舒服，半年內體重就掉了 7 公斤。

公司之前剛好有安排員工健康檢查，但報告還未出爐時，我就先接到醫院打來的電話，因為我的肝功能指數異常，爆增到 850，所以通知我馬上回診。我還記得半年前也有做過肝功能查檢，那時指數是 40 多，也就是說，我的肝功能指數在半年內或者是近期從 40 飆升到 850。而由於當時正好在台南出差，於

是我去成大醫院檢查，結果出來後指數持續飆高到 950，這無異是表示我在短短的 10 天內，肝功能指數再往上竄升了 100，故而當週我就住院觀察了。

記得當時我躺在醫院走道的病床上，看著天花板，被護理人員緩緩地推進住院病房，那次也是我第一次住院，對未來感到很茫然。我講述這段過往好像很平靜，但其實當時我害怕極了，我害怕我是不是得了「猛爆性肝炎」，而我朋友的一位表哥，就是死於「猛爆性肝炎」。

《當呼吸化為空氣》（When Breath Becomes Air）是一本書的書名，作者是一位醫生，他 37 歲時發現自己罹患了癌症。由於他原先的夢想就是想成為一名文學家，於是在他死前寫了這本書。而作者在書中所說的話，便很符合我當時的心境。他說：「得病的棘手之處在於，當你經歷生病，你的價值觀不斷在變。你設法弄清楚對你重要的東西，接著，你不停地在弄清楚。你或許決定要把時間花在當神經外科醫師，可是兩個月後，你不那麼想了。再過兩個月，你也許想去學吹薩克斯風，或想全心服事教會。」

那時的我，在家望著書架上滿滿的財經書籍，想了半晌後我毫不猶豫地決定辭去工作，轉行當個專業股票投資人，因為那是深藏在我心中很久的夢想。我會提到我的過往，主要是讓大家有個借鏡，畢竟世事難料，提早防範未然才是上策。

我希望各位在未來的某一天，突然和我有一樣的「體悟」時，不會像我當時那般惶恐，而是已經準備就緒。於是在我養病的期間，2011 年開了我個人理財部落格「汪汪財經隨筆集」。我希望把轉換

跑道的學習過程做個記錄，好讓之後和我有一樣的遭遇，或者和我有相同夢想的人可做為參考。

寫了 6 年的理財部落格後，2017 年接到日盛證券電子商務處的來信邀約，和他們簽約為「SUNNY 愛 MONEY」網站的「長期專欄作家」。而我寫的某些文章也獲得商周財富網、SMART 智富網和經濟日報的轉載。

2018 年又接到專業投資講師來信邀約合作開課，於是就開辦了「選股的技術」系列投資課程研討會。之後也開啟了我成為投資教學講師的生涯。而我每年都會定期舉辦投資課程，但 2022 年因為新冠疫情大爆發而停開。

接下來，對我來說是一個特別的經歷，因為華南永昌綜合證券的副董事長，剛好報名參加了我 2018 年第 1 場「選股的技術」投資課程講座。副董事長上過課後覺得不錯，於是在 2019 年 1 月再度邀請我到台北總公司，替來自資訊部、業務部、自營部和研究部的人上課。

因為多年來我已在部落格寫了非常多投資大師的理財文章，2020 年「股感生活科技」剛好籌劃「股感大師策略」系列的文章，廠商於是和我簽約為他們撰寫專欄。2023 年，「學思酷線上課程平台」則找我合作，開設「提升多元選股方法：投資前必學的 6 個成長驅動思維」線上課程。

接下來，再跟大家分享一個觀念那就是「成功者的秘密」。

在《思考致富聖經》（Think and Grow Rich: Collector's Edition）

一書中有提到：「要致富必須要計畫及組織，居於貧窮很容易，貧窮不需要計畫。」那到底是要計畫和組識什麼？

安德魯・卡內基（Andrew Carnegie）曾說過：「分析任何成為巨富（或小富）者的紀錄，你便會發現，他們總是有意或無意地使用了『智囊團原則』」。

當我身體健康出現狀況後，我的觀念也產生重大的改變。因為大部分的人都忽略了一個問題，就是成功是需要時間的，而極少人握有足夠的時間和資本。如同查理・蒙格（Charles Thomas Munger）所說：「緩慢的困難在於事情沒有辦成，你就先死了。」但大多數投資人都是處於競爭狀態，而不是合作。其實，合作是一個比競爭更高的層次（因為一個人的力量非常有限），競爭較注重自我、在意輸贏，而不是創造真正的解決方案。

所以，我計畫籌組一個「投資者的英雄聯盟」。但沒有人天生就是英雄，英雄需要透過學習的旅程。而我寫這本書的另一個寓意，就是想「召喚」更多的人，邁向投資大師之路。雖然這並非一蹴可幾，但請別擔心，我會透過本書中，協助各位一臂之力。

最後，容我以美國前第一夫人愛蓮娜・羅斯福（Anna Eleanor Roosevelt）曾經說過的一句話：「未來屬於相信自己夢想之美的那些人」與大家共勉之。

各位英雄們，我們準備上路了。

第 **1** 章

《綠野仙蹤》的
魔法師與大騙子

　　本書一開始，我想先分享一個故事，因為當中
女主角所遭遇的問題，跟我們在投資股票上也會碰
到，所以早一點明瞭這種情況，可讓我們在投資的旅
途中，少走冤枉路。這是李曼・法蘭克・鮑姆（Lyman
Frank Baum）所創作的一本兒童讀物，後來也數度被
改編成舞台劇和電影，內容（電影版本）大致如下：

　　有一天住在堪薩斯州的小女孩桃樂絲，家鄉正
遭遇到龍捲風的侵襲，忽然家裡一陣天搖地動，桃
樂絲和寵物小狗托托連同屋子一起被龍捲風捲走，
她看著窗外的田野和街道變得如此渺小，嚇得呆在
床上不知所措。後來桃樂絲被龍捲風吹到一個陌生
的國度——奧茲國，當屋子掉下來時，剛好壓死了
東方邪惡女巫。

　　這時北方善良女巫趕了過來，感謝桃樂絲替矮
人國除掉禍害，於是就把東方女巫所穿的紅寶石鞋

（童書為銀鞋），送給了她當作禮物。並且提醒桃樂絲，那雙紅寶石鞋魔力強大，或許未來會對你有所幫助，若想找到回家的路，可以沿著黃磚道路，前往翡翠城尋求奧茲魔法師的幫忙。

在路途中，桃樂絲遇到了沒有頭腦的稻草人，沒有心的錫樵夫，以及膽小的獅子，他們分別也渴望著智慧、善心和勇氣，於是桃樂絲決定和他們結伴同行，一起去尋求魔法師的幫忙。

他們一路上克服險境，終於到達了翡翠城，但魔法師卻要求他們必須拿西方邪惡女巫的掃帚，來作為交換願望的條件。於是他們只好再度前往西方邪惡女巫的城堡，發揮著智慧、善心和勇氣，對抗守護城堡的飛猴軍團，最後如願殺死了女巫拿到了掃帚。

當他們千辛萬苦完成了任務，回到大廳求見魔法師時，魔法師卻反悔不想履行承諾，叫他們趕緊離開。這時突然聽到小狗托托在後面的狂吠聲，於是他們過去瞧瞧發生了什麼事情？

原來小狗托托突然扯開後面的布幕，裡頭竟然躲著一個人，就是他操控著一台機器，並利用煙霧和鏡子變出的戲法，根本沒有所謂的魔法師，只是一位大騙子。

這個故事就是《綠野仙蹤》（The Wonderful Wizard of Oz），因為整個故事不只敘述發生了什麼事情而已，它還帶有許多的寓意，讓讀者自行體會，所以我愛不釋手。

現今散戶投資人也會遇到相同的情況，在為了尋求投資致富的道路上，到處尋求股市明牌，盲目的相信那些會提供仙丹妙藥或解方的人。但同樣的是，他們並沒有魔法，許多都只是賣狗皮膏藥的江湖郎中，或是詐騙（炒股）集團。

你也許會問我？那要如分辨真正的魔法師和大騙子？我也不知道，更何況我以前也被騙過好幾次。但沒關係，我們可以儘量提升自己的能力，減少被騙的機會。而接下來，剛好外號叫汪汪的我，將會化身成小狗托托，幫各位拉開金融市場後面的布幕，看看那些人所變的把戲。

1.1

你是投資者，還是誤入叢林的小白兔？

「小姑娘要不要買蘋果呀！我送一個又紅又香的給妳吃吃看，相信妳一定會喜歡的。」

—壞皇后《白雪公主》

如今投資的詐騙廣告和社團滿天飛，不少名人都遭到冒名，所以在投資的叢林裡，你是一位獵人同時也是別人的獵物，尤其是股市的菜鳥，小心別成為誤入叢林的小白兔。

你想看穿騙局並不容易，因為金融市場並沒有「165 反詐騙」專線可供投資人諮詢。投資人的預防之道，就是事先瞭解一下股市詐騙的原理。

首先，我問各位一個問題：「假設你到外地出差，希望找到一家好吃的餐廳，於是你在出發前做了一些研究，可是當你到達時，卻看到餐廳內門可羅雀，但隔壁的餐廳卻高朋滿座，這時你會擱置先前的研究，而直接去隔壁的餐廳用餐嗎？」

我想大家應該都會選擇去隔壁用餐，因為有可能原先主廚已換人，菜色沒那麼好了。而畢竟隔壁有很多人選擇它，這代表著群眾的智慧。在《哥倫比亞商學院必修投資課程》（Pitch the Perfect Investment）這本書中就曾舉例，說明何謂群眾的智慧？細節如下：

他們向這 800 個人提出同一個問題：「在下列名單中，你認為哪一個不是披頭四的成員？」

★林哥・史達（Ringo Starr）

★保羅・麥卡尼（James Paul McCartney）

★克拉倫斯・沃克（Clarence Walker）

★喬治・哈里森（George Harrison）

★約翰・藍儂（John Winston Ono Lennon）

假設這 800 人並非熟悉這個樂團，這個群體對披頭四的認識，可以分成以下情況：

★有 600 個人，沒聽說過披頭四樂團。

★有 80 個人，認識披頭四中的 1 位成員。

★有 60 個人，認識披頭四中的 2 位成員。

★有 40 個人，認識披頭四中的 3 位成員。

★只有 20 個人，認識披頭四的全部成員。

接著，他們請這 800 人進行投票，認為誰不是披頭四的成員？

投票結果如下（見表 1-1）：

表 1-1

成員	1. 林哥	2. 保羅	3. 克拉倫斯	4. 喬治	5. 約翰
600 個人	120	120	120	120	120
80 個人	15	15	20	15	15
60 個人	10	10	20	10	10
40 個人	5	5	20	5	5
20 個人	0	0	20	0	0
總計	150	150	200	150	150

資料來源、製表：作者

這個投票結果很容易解釋：在 600 個人的組別中，由於全部對披頭四樂團不熟悉，只好隨便猜測，所以每個人的票數都很平均。其它 80 個人、60 個人和 40 個人的組別，雖然沒有人認識全部的四位成員，但當中或許剛好有些人知道克拉倫斯不是，所以克拉倫斯的票數會稍微領先。而 20 個人的組別中，由於認識全部的披頭四成員，所以都會投克拉倫斯不是披頭四的成員。最後統計結果爲克拉倫斯得票數 200，領先其他人。

這個實驗結果帶給我們的啓示是：當群體裡加入更多掌握較充分資訊的成員，出現正確答案的比率就會逐漸浮現，反觀錯誤答案的出現機率也會相對下降。

這就是所謂「群眾的智慧」。

但這個例子還沒完，因爲書中更特別提到，研究人員另外做了另一項測驗，他們向所有受訪者出示一張僞造的專輯封面，專輯名稱則叫做《被遺忘的披頭四來自夏威夷的祝福》。這個專輯封面有 5 個人，甚至故意把克拉倫斯放在正中央。然後仍然提出相同的問題：「下列名單之中，你認爲哪一個人不是披頭四的成員？」

其第二次投票結果如下（見表 1-2）：

表 1-2

成員	1. 林哥	2. 保羅	3. 克拉倫斯	4. 喬治	5. 約翰
600 個人	150	150	0	150	150
80 個人	20	20	0	20	20
60 個人	15	15	0	15	15
40 個人	10	10	0	10	10
20 個人	0	0	20	0	0
總計	195	195	20	195	195

資料來源、製表：作者

原本就認識披頭四所有成員的那 20 位受訪者，絲毫不受影響，認為那只不過是一張惡搞的專輯，覺得很搞笑，仍然把票投給克拉倫斯。但剩下的 780 個受訪者則全被誤導，沒有人投票給克拉倫斯……。

儘管這個例子被過度簡化，卻也正好說明了「獨立性」一旦被偏差資訊破壞，即使再聰明的群眾也將變成「一群笨蛋」。透過這個例子讓我們知道一件事，雖然謠言會止於智者，卻無法阻止傳播。在《瘋潮行銷》（CONTAGIOUS）這本書中，作者約拿·博格（Jonah Berger）便曾特別提到這是為什麼？

他說：「你也許聽過施打疫苗會引起氣喘。如果有，那麼你不是唯一的一個。但很多人並不知道最初的報導已經被證實有誤。有時候，人們想幫助人的念頭被誤導，用錯地方。所以，好心也會傳播不實資訊。」所以，股市詐騙原理其實非常簡單，只要一直將假的寫的好像是真的，再將消息散佈出去就行了，因為利用人們的好心和喜愛分享資訊的行為，大家都可能間接變成幫凶，欺騙了那群無知的人們。

如同喬治·索羅斯（George Soros）在《超越指數：索羅斯的賺錢哲學》（Soros on Soros：Staying ahead of the curve）書中所說的：「煉金術士設法以念咒的方式把低級的金屬變成黃金，當然是緣木求魚的事。對於化學元素，煉金術可能起不了作用，但在金融市場則可能行得通。咒語能夠影響左右事情發展的人的決定。」

而這篇實驗性的學術文章，竟然出自哥倫比亞商學院的課程中，可見學院派的學者，也開始省思效率市場理論的不足之處。因為效

率市場理論宣稱投資人是理性的，所有相關的公開資訊，都會被適當反映到股價中。

但就讀過商學院的巴菲特，在很早以前就不認同效率市場理論。不只巴菲特，連查理・蒙格（Charles Thomas Munger）、索羅斯等投資大師，或是在金融市場打滾過很久投資者，也都不敢苟同。然而即使是待在象牙塔裡的學者也開始察覺，金融市場存在那麼多的假消息，若要宣稱投資人是理性的，確實有點困難。

1.2

股市詐騙原理：養、套、殺！

「當你尚未認清世界的真面目，那便只能透過扭曲的鏡頭來判斷。」

—查理‧蒙格（Charles Thomas Munger）

　　為了更加了解投資人有何缺點？我們再來做個心理測驗。

　　以下某個賭局中，有兩副牌組，請問你會選擇哪副牌組下注（見表 1-3）？

表 1-3

賭局實驗	每 5 張牌的平獲利次數	每 5 張牌的平虧損次數
第一副牌	4	1
第二副牌	1	4

資料來源、製表：作者

　　我想一般人多半會選第一副牌組，因為這每 5 張牌裡，有 4 張會獲利，只有 1 張牌會虧損。但選擇第一副牌組的人並長期玩下來，最終不一定會贏到錢！

　　例如，在《交易心態原理：避開思維陷阱，克服決策障礙，改善投資技巧的大腦革命》（Inside the Investor's Brain: The Power of Mind Over Money）這本書中，便曾描述一個賭局實驗（為上述問題

的進階版）。透過這個實驗，請受試者從 4 副牌組中挑選其中一副，看看哪副牌組能夠賺取最大的金額，愈多愈好。

而這 4 副牌組分別標上 A、B、C、D，其相關資訊（見表 1-4）：

表 1-4

東吳賭局實驗	每 5 張牌的平均獲利次數	獲利大小	每 5 張牌的平均虧損次數	虧損大小	每 5 張牌的期望值
A 副牌	4	$200	1	-$1,050	-$250
B 副牌	4	$100	1	-$650	-$250
C 副牌	1	$1,050	4	-$200	$250
D 副牌	1	$650	4	-$100	$250

資料來源、製表：作者

A 牌組和 B 牌組的期望值是，每翻 5 張牌「－$250」；C 牌組和 D 牌組的期望值是，每翻 5 張牌「＋$250」。每副牌組的報酬都不一樣，結果如下：

★ A 牌組：每 5 張牌中，贏 4 次（每次 $200）、輸 1 次 $1,050
★ B 牌組：每 5 張牌中，贏 4 次（每次 $100）、輸 1 次 $650
★ C 牌組：每 5 張牌中，輸 4 次（每次 $200）、贏 1 次 $1,050
★ D 牌組：每 5 張牌中，輸 4 次（每次 $100）、贏 1 次 $650

整個實驗約有 600 人參與，結果顯示多數受試者喜歡從虧損的牌組中翻牌。待翻了 200 次後，還是有 60% 以上的牌是翻自 A 牌組與 B 牌組，結果導致最後多數的受試者虧錢。但奇怪的是，他們何為即使背負著個人最佳利益，卻仍在翻過 200 次牌後，依舊沒有學

到教訓去試著改變？

研究人員發現，這是因為連續小贏有著一股誘惑力。在 A 牌組與 B 牌組中，每 5 張牌裡，贏的滿足感發生 4 次，輸的痛苦只發生 1 次。這種「連續贏」的錯覺會讓人上癮，畢竟贏錢的感覺很好，這剛好也符合投資人在股市中的行為—總是喜歡買進正在上漲的股票（贏錢的感覺）。所以，這也是為什麼散戶容易受騙上當的原因。在《股票作手回憶錄》（Reminiscences of a Stock Operator）書中，投機客傑西·李佛摩曾經提到：「在華爾街時常出現爾虞我詐的養、套、殺三部曲，就是股價先走，消息後出；利用股價創造消息，透過消息帶動人氣，並在散戶瘋狂跟風和盲目搶進之後，再把貨大量偷偷倒給韭菜們去承接。」

接著，我們再來談談財經媒體界，因為這是一般散戶投資人，接受訊息的重要來源，所以知道他們的一些行規，也有助於我們解讀相關訊息。以下是我所遇到的例子：

我曾經替「SUNNY 愛 MONEY」網站撰寫過理財專欄，後來有些文章被其它財經媒體所轉載。例如「SMART 自學網」曾經轉載過「5 好股原則投資策略」這篇文章，但奇怪的是，他們擅自把標題改為「用 5 好股原則投資，股票報酬率達 480%」而我原本以為這只是「SMART 自學網」自己的作風，但我後來發現，「商周財富網」轉載「關鍵時刻投資法」這篇專欄文字時，編輯也擅自把標題改為「66 元買這檔，漲到 120 元！價值投資人教你找『關鍵起漲點』，坐著好好等就能賺」。

同樣的，在《經濟日報》轉載「建構升值潛力的投資組合」這篇文章時，編輯也把標題改成「存股（0050）及金融股那個好？算給看，這樣做，15 年後多賺 6 成。」

　　其實不只這三篇，而是我所有被轉載的文章，都不約而同地被竄改了標題。

　　我承認自己所寫的標題都太八股，比較不吸引人。但他們並非惡意，只是爲了增加點閱率而做出一些改變。但這也點出了財經媒體界的普遍現象，他們會爲了點閱率或收視率，而偏好誇張、聳動一點的內容。尤其是股票財經節目爲了收視率，不得不跟美食節目一樣，就算沒那麼好吃，也要說得很美味。所以，當那些名嘴或來賓們各個說得口沫橫飛時，節目主持人往往也會好心提醒大家—「以上言論，不代表本台立場」。

　　我記得看過一則報導，義大利有一個小鎮禁止飼主把金魚養在弧形彎曲的造型魚缸中。原因是動物保護人士們認爲，彎曲的魚缸會扭曲魚缸外的世界，對金魚來說是一件很殘忍的事情……。

　　這是我在《時空行者 史蒂芬・霍金》（Stephen Hawking: A Memoir of Friendship and Physics）這本書中看到的情節。霍金認爲，站在金魚的角度來說，由於牠們無法穿透這個玻璃魚缸，所以根本無從得知外部世界的眞實情況。因此，想知道眞相是什麼？自然就變成是一件困難的事。

　　而人類的處境就像那些魚一樣。

　　如同查理・蒙格所說：「當你還未看清世界的本來面目，便只

能透過扭曲的鏡頭來判斷。」這就像是金融市場裡的假消息、財經媒體誇大其實的報導，以及炒股人士精心佈置的局。

寫到這邊，耳邊又傳來熟悉的樂音（世界名曲《少女的祈禱》），倒垃圾的時間又到了，這也是我最常和鄰居聊股票的時刻。記得曾有一次碰到鄰居大姐跟我聊起她常看的財經節目，她趁機問了我一句：「請問，你平常都看什麼財經節目呢？是否可推薦？」

我回答說：「我已經很多年沒在看財經節目了。」

她張大嘴巴，一臉驚訝狀！繼續問我：「那你買的股票都從哪裡聽來的？」

而只見我面不改色地回答她說：「都是靠自己分析的……。」

1.3

防範之道：運用塔雷伯的反脆弱

「反脆弱是最好的防範之道。」
　　　—納西姆・尼可拉斯・塔雷伯（Nassim Nicholas Taleb）

身為投資人，你心裡可能隨時都在想，在這麼不利於投資人的金融環境中，要如何求得自保？

納西姆・尼可拉斯・塔雷伯（Nassim Nicholas Taleb）在《反脆弱：脆弱的反義詞不是堅強，是反脆弱》（Antifragile：Things That Gain from Disorder）一書中曾提到，他認為自保的唯一方法就是「反脆弱」。

所謂「反脆弱」就是超越堅韌或強固，它可以避免預測誤差，並讓你我受到保護，免於遭受不利事件的影響，這就是終極的自保守則。其方法就是，你只要學會辨別以下這兩種形態（見圖 1-1）：

圖 1-1

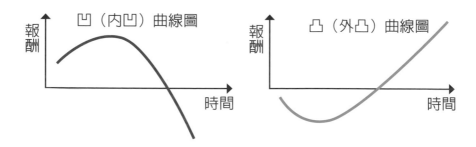

★凹（內凹）曲線圖：隨著時間的推移，損失大於利得。這種曲線的發生，常受害於黑天鵝事件的影響。所以這種型態沒有「反脆弱」性。

★凸（外凸）曲線圖：隨著時間的推移，利得大於損失。這種曲線，若將來遇到黑天鵝事件也沒關係，因為只要你介入的時間早，損失並不大。所以這種型態才具有「反脆弱」性。

那要如何區分這兩者呢？

最簡單的方法就是，想想一旦發生不幸事件，這對結果影響大不大？例如，當你前往桃園國際機場搭飛機，計畫要出國去參加一場重要會議，這時選擇開車前往的你，是屬於「凹（內凹）曲線圖」或是「凸（外凸）曲線圖」效應？

這時，我們想想若發生不幸的事情，像是遇到塞車，會不會讓你趕不上飛機呢？若會，這就是「凹（內凹）曲線圖」效應。所以，為了保險起見，我們改搭捷運前往才是反脆弱之道。

這同樣也適用於其它人生的選擇。例如，你問我會不會選擇吸菸？我會回答不會。雖然吸菸者未來並不一定會罹患肺癌，但持續吸菸卻是「凹（內凹）曲線圖」效應。因為一旦得到肺癌，你未來的人生將承受不起這個後果。同樣的，若你一直很喜歡飆車的快感，請想想，萬一發生不幸，這是否也是你可以承擔的後果？

那麼在投資的決策上，投資人要如何辨別這兩種形態呢？而這就是上一節文章（內容請見「1.2 股市詐騙原理：養、套、殺！」章節）中提到的 A、B 牌組和 C、D 牌組的選擇（見圖 1-2）：

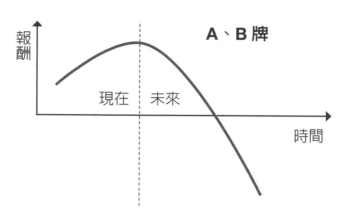

圖 1-2

報酬　　　　　　　　　　A、B 牌

現在　未來

時間

　　隨著時間的推移，翻 A、B 牌組總是小贏大輸，所以這正是「凹（內凹）曲線圖」效應。就像那些本益比已偏高的熱門題材股，一旦發生黑天鵝事件，其結果就完全符合這種型態了。

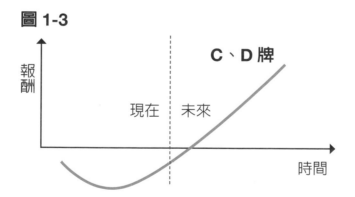

圖 1-3

報酬　　　　　　　　　　C、D 牌

現在　未來

時間

隨著時間的推移，翻 C、D 牌組總是小輸大贏，所以是「凸（外凸）曲線圖」效應。就像價格低於價值的價值型股票，或價格合理的成長型股票，且未來展望良好，就符合這種型態（見圖 1-3）。

所以，基本上就是儘量的去翻 C、D 牌組，並且你必須對自己的判斷與分析深具信心，即使出現小額虧損也要毫不在意。就像巴菲特時常利用黑天鵝事件來危機入市一樣，雖然他買進股票的當下，股市總是持續下跌，但他並不介意。

這並不表示 C、D 牌組的股票，並未存在詐騙和謊言。它的好處是就算你未察覺出，這也只會造成小額虧損而已，風險並不高。反觀含有詐騙和謊言的 A、B 牌組的股票，才是真正具備高風險的投資組合，因為一旦詐騙和謊言被揭穿，股價往往是以暴跌收場。

一般來說，在財經媒體炒作風氣盛行之下，所報導或推薦的股票大部分都是 A、B 牌組，或許有少部分是 C、D 牌組的股票，但在現今資訊傳播如此快速的情形下，當你看到相關報導時，它也從 C、D 牌組變成 A、B 牌組了。

所以，C、D 牌組的股票是不容易被發現的，大部分都要靠分析去找出來。而本書接下來的章節，我就要教大家如何辨識出 C、D 牌組，建構出「反脆弱」的投資之道。

第**2**章

第一份寶物：
紅寶石鞋
（價值分析）

「你一直都有這樣的力量，只是你必須自己學會如何使用它。」

—北方善良女巫《綠野仙蹤》

先回顧一下童話故事《綠野仙蹤》的情節：

桃樂絲發現魔法師是一位大騙子之後，那她是如何回到家鄉堪薩斯的呢？

其實在改編自童話故事的電影中，桃樂絲是運用了北方善良女巫送給她的寶物—就是那雙「紅寶石鞋」。

桃樂絲閉上雙眼，讓鞋跟互相碰撞三次，並在內心一直吶喊：「沒有地方能跟家一樣。」（There's no place like home），她於是從夢中甦醒，回到了堪薩斯。

嚴格說來，童話故事《綠野仙蹤》帶給我的啟示就是：

我也要有自己的「紅寶石鞋」。

2.1

開創理性投資的新道路 –
班傑明 · 葛拉漢的財富思維

「透過基本面（財報）分析公司的價值，充分利用『市場先生』
一時的不理性，進場撿便宜—分散買進通常能夠獲得最大的勝
率。」

—班傑明 · 葛拉漢（Benjamin Graham）

在我投資的早期階段，我很像童話故事《綠野仙蹤》裡的那隻
膽小的獅子，因為每當股市大跌或發生黑天鵝事件時，我就會因為
過度擔心而失眠。進而導致原本持有的一些潛力股，也因為恐懼、
害怕而提早賣出。

口頭上總說要保持理智，但要確保情緒不受影響其實很困難，
就像 2008 年發生金融大海嘯時，因為股市屢創跌幅新紀錄，投資人
頓時皆陷入愁雲慘霧之中，其中更有一幕讓我印象深刻。台灣某家
電視台播報了一則來自香港的新聞，內容如下：

在新聞播報台上，一位香港記者詢問身旁的專業分析師說：「在
今日股市創下最大跌幅之際，那麼投資人該怎麼辦呢？」正當我屏
息以待，想聽她的回答時，忽然傳來嗚咽和抽泣聲，原來那名女分
析師竟然當場哭了……。

所以在那段時期，真的需要強大的心智才能扛得住。好佳在（台

語）我後來遇到一位貴人，那就是價值投資大師—班傑明‧葛拉漢（Benjamin Graham）。他也是巴菲特的老師，被人尊稱為「價值投資之父」。

在《瘋狂、恐慌與崩盤：一部投資人必讀的金融崩潰史》（Manias Panics and Crashes）這本書中曾有記載，從 1930 年～ 1933 年的美國經濟大蕭條，光銀行就倒了 4,800 家，其它倒閉的公司更是數以萬計。而葛拉漢就是身處在那個瘋狂年代中，可想見的是，那個時期的投資人所須面對的極大恐懼和絕望，也因此在那時爆發了自殺潮。這對於經歷過 2008 年金融大海嘯的我們而言，還真是小巫見大巫！

那麼葛拉漢又是如何因應呢？

1934 年，葛拉漢和大衛‧陶德（David Dodd）共同出版了《證券分析》（Security Analysis），在哥倫比亞商學院開辦「價值投資」課程。接下來，我們就來瞭解葛拉漢的思維，看他是如何開創新局（見圖 2-1）？

圖 2-1

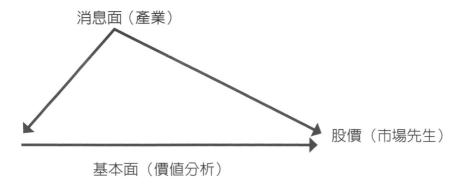

消息面（產業）

股價（市場先生）

基本面（價值分析）

在《證券分析》這本書出版之前，股票市場的投資人大多依靠「消息面」進行投資（好像和現在差不多，不是嗎？）。但「消息面」同樣夾雜了許多謠言和詐騙，投資人因此總受股價（市場先生）的情緒影響—因貪婪而追高，或因恐慌而殺低。

然而葛拉漢想出另一條路，就是透過基本面（財報）分析公司的價值，這樣一來，他就能利用「市場先生」一時的不理性而進場撿便宜。

此後，他成功區分出所謂「投資」與「投機」之間的差異。

因為投資人害怕買進股票後，企業會倒閉破產，於是葛拉漢教導投資人如何計算企業的「清算價值」。這是指當企業倒閉時，被清算後的估值是多少？我們來看看葛拉漢在《證券分析》書中所提到的範例，了解一下他究竟施展了甚麼魔法（見表 2-1）？

表 2-1

資產類別	清算價值佔帳面價值的百分比	
	正常區間	約略平均值
流動資產：		
現金資產（包括市價入帳的有價證券）	100%	100%
應收帳款（扣減一般的準備）	75 ～ 90%	50%
存貨（市價與成本孰低）	50 ～ 75%	66.66%
固定資產與雜項資產：		
（土地、建築、機械、設備、非有價證券投資、無形資產等）	1 ～ 50%	15%（約估）

資料來源、製表：作者

除了現金資產，其它的資產因保守起見則必須再打個折扣。例如應收帳款只以原先的 80% 來計算、存貨只以原先的 66.66% 來計算、固定資產只以原先的 15% 來計算等等。

　　透過這樣的計算，就能判斷股票市場的價格，是否低於股東能夠實際由企業取回的價值？因為在那個時代，股東確實可以拿走公司的流動資產，並且將它偷偷放到自己的口袋裡。

　　葛拉漢建議暫時不要考慮固定資產的價值，只買進股價（市值）跌到流動資產淨值的 2 ／ 3 或更低。說得更白話一點就是，不是買房子送家具這麼簡單而已，而是買進房價跌到只剩家具的價格，即是買家具送房子。

　　因為像這樣的投資模式，可以預留很大的「安全邊際」，這就是價值投資的核心概念。巴菲特也曾解釋過這個投資概念，他表示：「當你在造橋的時候，你認為它可以承載 3 萬磅的重量，但你最多只會開著總重量 1 萬磅的卡車通過。這樣的原則同樣適用於投資領域。」

　　為了讓投資人萬無一失，葛拉漢更進一步建議，透過分散式的買進，讓自己能在統計上獲得最大的勝率。葛拉漢解釋這是「因為安全邊際只保證其獲利的機會高於虧損的機會，但不保證虧損不會發生。但是，這類投資的數量增加時，則總獲利高於總虧損的機會便更加明確。保險業便是基於這項原理。」所以，葛拉漢是真正的魔法師，在那個年代裡，他利用較準確、不受其它因素影響的資訊，幫助投資人勇敢地逢低買進那些被眾人棄之如敝屣的寶石。

誠如《綠野仙蹤》裡的那頭膽小的獅子最終獲得了勇氣，這當然也包括我在內！

那我的「紅寶石鞋」究竟是什麼？

巴菲特在其自傳《雪球：巴菲特傳》（The Snowball：Warren Buffett and the Business of Life）中提到，他從哥倫比亞商學院畢業後，就先到父親的證券公司上班，公司同仁覺得他很奇怪，因為他一有空就會翻閱《穆迪手冊》[1]。這本手冊內容涉及廣泛，包含工業、運輸、銀行以及金融公司的資料，總共一萬多頁。

巴菲特總是像在尋寶似地逐頁翻閱，有時覺得好像遺漏了什麼，還因此多翻了兩遍。那他是在尋覓什麼寶物呢？其實，他無非就是想找出價值被低估的股票。巴菲特強調：「如果你能好好思考一間公司，並以低於其價值的價格買進，你就會賺到錢。」

所以，我的「紅寶石鞋」就是「價值分析」—只要你腳踏實地就能找到紅寶石，那麼接下來，我也要仿傚北方善良女巫，將我價值分析的研究成果（寶物）送給你。

---

1. 由穆迪投資者服務公司（Moody's Investors Service）每年定期發行的指導性分析報告，內容包含工業、運輸、銀行及金融趨勢等主題。

2.2

「死亡」價值到「存在」價值 –
華倫‧巴菲特的青出於藍

「葛拉漢的信徒們，開始用另外一種方法來定義便宜的股票，他們不斷改變定義，以便延續原來的做法。而這麼做效果居然也很好，可見葛拉漢的理論體系是非常優秀的。」

—查理‧蒙格（Charles Thomas Munger）

班傑明‧葛拉漢自 1928 年起就在哥倫比亞大學任教，直到他於 1956 年退休為止。這期間發生了 1929 年美國經濟大蕭條、第二次世界大戰（1939 年～ 1945 年）和韓戰（1950 年～ 1953 年），這幾個重大事件都讓美國經濟一直處在動盪不安之中，自然很容易找到相對便宜的股票。

可惜的是，我們現在和葛拉漢所處的時代已然大不相同，所以現在已經很少會有股價跌到流動資產淨值之下的潛力股。如同你現在即使手握著葛拉漢的金屬探測器，卻也不會聽到它發出任何聲音⋯⋯，因為它早已無法偵測出藏在地底下的貴重金屬了。

在《巴菲特的投資原則：股神唯一授權，寫給合夥人的備忘錄》（Warren Buffett＇s Ground Rules：Words of Wisdom from the Partnership Letters of the World＇s Greatest Investor）這本書中有提到，巴菲特主要是利用以下兩種方法來評估公司的價值：

1. 資產賣掉的價值

2. 公司利用資產特性持續經營且以此獲利

第一種方法就是以前葛拉漢所說的，計算企業的清算價值。查理‧蒙格曾解釋：「因為大蕭條環境使然，葛拉漢特別注意企業死亡時的價值，而非存在的價值。」

第二種方法，是巴菲特後來所使用評估企業價值的方法，也就是評估企業的存在價值。原因是之後隨著美國經濟景氣的復甦，葛拉漢的方法已漸漸不適用。

而接下來，我就要介紹第二種評估企業價值的方法，在《巴菲特寫給股東的信》（The Essays of Warren Buffett：Lessons for Corporate America, Fourth Edition）這本書，巴菲特有特別提到其引用的原理，其實是來自約翰‧威廉斯（John Burr Williams）在其著作《投資價值理論》（The Theory of Investment Value）所提出的主張：「評估一項投資的價值，必須估計其『未來收益』。收益年金必須經過時間價值的調整，也可以依據投資人所要求的純粹利率進行『折現調整』。」此一原理，其實只有兩個重點，就是「未來收益」和「折現調整」。

緊接著我舉一個例子來說明：

假設你有一位朋友打算移民，所以他想以 190 萬元將原本經營的一家咖啡店頂讓給你。但他保證扣除經營開銷和人事成本，這家咖啡店每年還能獲利 50 萬元，所以只需 4 年後即可回本……。

請問你要不要接手經營？

若你不知應該如何評估這家咖啡店的經營價值？沒關係，我們這時可以利用約翰‧威廉斯的理論來算算看。

第一步，先計算其未來 5 年的收益。因為每年能獲利 50 萬元，所以 5 年總共累計獲利應為 250 萬。而每年的獲利還可以放在銀行生利息，因此若以銀行定存利率 2% 計算，5 年下來總計加上利息應該約有 260 萬元的獲利（見表 2-2）：

表 2-2

年度	未來收益
1	$500,000
2	$500,000
3	$500,000
4	$500,000
5	$500,000
總加計息	$2,602,020

利率	折現調整
6%	$1,944,381
10%	$1,615,650

資料來源、製表：作者

第二步，我們接著採用長期公債利率 3% 多，加上通膨 2% 多，共約 6% 的成本來進行折現調整，得到評估價值為 194 萬。這個數額雖與頂讓價格 190 萬元吻合，但因為經營咖啡店還有額外的風險必須考量（例如天災人禍造成的損失等）。故而為了保險起見，我

們提高預期報酬率為 10%，折現過後的金額是 161 萬元。所以我建議，最好殺價至 160 萬元才可以接手經營。

各位有沒有發現到，投資一項生意或股票，其實原理都是一樣的。只要你懂得如何評估，未來所需承受的風險就會大幅降低，之後若有朋友找你投資開店，你也可以採用這種方式評估一下。

其實，我所舉的例子並非正式的評估方法，純粹是方便讓你瞭解箇中原理。真正的專家或分析師習慣使用的方式是「現金流量折現法」，其公式如下：

$$PV = \frac{CF}{(1+r)}^{Year_1} + \frac{CF}{(1+r)^2}^{Year_2} + \frac{CF}{(1+r)^3}^{Year_3} + ... + \frac{CF}{(1+r)^n}^{Year_n}$$

在這個公式中，CF（Cash Flow）是指自由現金流量、r（rate）是指折現率，而分析師會預估未來約 10 年的自由現金流量（CF），按照自己所屬的期望報報率（r），進行折現調整，最後會算出 PV（Present Value）則是指現值，即代表所評估企業的價值。[1]

但在評估未來收益，我使用的是盈餘，而不是自由現金流量。

這是為什麼呢？

因為大部分的公司會不定期受到擴廠、開設新店面或更新設備等經營決策的影響，自由現金流量往往起伏不定。所以除非你是一位專業人士，否則對一般投資人來說，使用盈餘來預估，通常相對

簡單許多。

那究竟要如何評估未來盈餘呢？

第一步，我們先觀察過去 10 年的盈餘成長率（見表 2-3）。

因爲這家公司過去 10 年來的盈餘成長率爲 12%，所以我們可以合理假設該公司未來 10 年內，應該也會呈現 12% 左右的成長率。

表 2-3

年度	EPS
96	4.14
97	3.86
98	3.45
99	6.24
100	5.18
101	6.41
102	7.26
103	10.18
104	11.82
105	12.89
106	13.23
成長率	12%

資料來源、製表：作者

第二步，利用過去的盈餘成長率，計算出未來 10 年後的盈餘。在這個例子，106 年盈餘爲 13.23 元，成長率爲 12%，估算出十年後每股盈餘（EPS）爲 41.09 元（見表 2-4）：

表 2-4

10 年後 EPS	41.09
10 年內平均本益比	13.37
10 年後股價（未來收益）	$549.38
折現調整（利率 10%）	$211.81

資料來源、製表：作者

第三步，再將 10 年後的每股盈餘 41.09 元，乘上 10 年內平均的本益比 13.37，可得到預估 10 年後的股價 549.38 元，而股價即是可賣出的價格，所以可以代表未來收益。

第四步，最後依據投資人所要求的報酬率（10%）進行折現調整，即可算出企業價值為 211.81 元。

折現是反映資金的時間價值，那麼應該如何決定適當的折現率呢？

我個人常用的預設值為 10%，美國知名的投資研究的評級機構「晨星公司」（Morningstar, Inc.）使用預設值為 10.5%。至於巴菲特本人的建議是，**折現率最好不要低於 10 年期公債殖利率**，原因很簡單，因為如果投資股票的期望報酬率不如債券殖利率，那你為何不改投資債券就好了。

---

1. 若讀者想要自行計算這整個過程，可使用 Excel 提供的 3 項財務函數：利用 Rate（期利率）函數，可以計算出某支股票過去 10 年的盈餘成長率；利用 FV（未來值）函數，可以預估 10 年後的每股盈餘；利用 PV（現值）函數，可以將未來收益，依據我們所要求的報酬率進行折現調整。

2.3

現金殖利率法－**爲何在台灣比較適用？**

台灣上市櫃公司大多是電子股，也就是科技股，「未來收益」通常比較不易預估。

—汪汪老師

我想到一個問題來讓大家動動腦，我在上一節提到的「企業價值評估法」究竟有什麼缺點或侷限性？（容我稍微提示大家一下：這其實與巴菲特不買科技股有關。）

想好了沒……？

答案是，你預估這家企業的「未來收益」必須要很準確，否則最後計算出的內在價值往往就沒有任何參考價值。這也是巴菲特爲何不買科技股的主因，因爲**科技股的「未來收益」不容易被準確地預估**。

巴菲特曾經買過兩檔科技股，一檔是 IBM，但他在 2018 年波克夏股東大會時承認他看走眼，並且表示已經出清了 IBM。另一檔科技股是蘋果，但各位看一下蘋果的財報就會發現，它有一大部分收入是屬於服務性質的業務，像是 itunes、App Store、Apple Pay 等，而蘋果之後也會規劃推出更多的服務。

這樣的好處是，如果舊果粉不想換新手機，但還是會繼續付費使用相關服務，所以對巴菲特而言，蘋果的「未來收益」會比只靠單賣手機的科技股更容易預估。還有另一點也是巴菲特喜歡的，就是蘋果擁有強大的品牌魅力。

一般財經書籍經常引用巴菲特的經典名句：「**如果你不願意持有一檔股票 10 年，那就連持有它 10 分鐘都不要考慮。**」來建議投資人要長期持有股票。但我覺得巴菲特的本意其實是，身為投資人應該買進價格經過合理折算，且容易預估該企業 10 年後「未來收益」的股票，這樣你就能安心持有該股票 10 年。

那接下來，我還要問各位另一個問題：「台灣上市櫃公司大部分是屬於什麼樣的類股？」

我的答案是：「大部分都是電子股，也就是屬於科技股」，所以「未來收益」同樣不容易被預估出來。

但台積電算是一個例外，它是適合以此方式評估的企業。因為台積電未來佈局很明確，像是 7 奈米、5 奈米、3 奈米、2 奈米等，這佈局可上看好幾年，若無特別的意外事件，台積電的「未來收益」是可預期的。但台灣大部分的電子股並不像台積電一樣，甭說預估未來 10 年的每股盈餘，通常可能連未來 5 年都難以預估出來。

所以，我們應該怎麼辦？

畢竟既然無法看得哪麼遠，那我們何不就看近一點，這也是我接下來要介紹給大家的「現金殖利率法」。

首先，「現金殖利率」是指現金股利除以股價後所得的比率。例如：今年配發的股利 2 元，除以目前股價 40 元，就得到現金殖利率為 5%（2 ÷ 40 ＝ 5%）。

接著，我們來進行「現金殖利率法」公式的推導，當中會運用到高中的數學，若各位看得有點吃力也沒關係，把最後的公式背下來即可。

一開始，我們再回顧一下現金流量折現法的公式，如下：CF（Cash Flow）是指自由現金流量、r（rate）是指折現率、PV（Present Value）是指現值，即代表所評估企業的價值。

$$PV = \overset{\text{Year}_1}{\frac{CF}{(1+r)}} + \overset{\text{Year}_2}{\frac{CF}{(1+r)^2}} + \overset{\text{Year}_3}{\frac{CF}{(1+r)^3}} + ... + \overset{\text{Year}_n}{\frac{CF}{(1+r)^n}}$$

而接下來，我們先將這個式子的兩邊都乘上（1 ＋ r），如下：

$$PV \times (1+r) = (\frac{CF}{(1+r)} + \frac{CF}{(1+r)^2} + \frac{CF}{(1+r)^3} + ... + \frac{CF}{(1+r)^n}) \times (1+r)$$

整理後的式子，如下：

$$PV + rPV = CF + \frac{CF}{(1+r)^1} + \frac{CF}{(1+r)^2} + ... + \frac{CF}{(1+r)^{n-1}}$$

接著，我們將做個小技巧，我們把這個有乘上（1＋r）的公式設為【算式2】，原先的沒有乘上（1＋r）公式，設為【算式1】。然後，我們把算式2減掉算式1，就會得到一個較精簡的式子。如下：

$$\textcircled{2} \quad PV + rPV = CF + \frac{CF}{(1+r)^1} + \frac{CF}{(1+r)^2} + .. + \frac{CF}{(1+r)^{n-1}}$$

$$\textcircled{1} \quad PV = \frac{CF}{(1+r)} + \frac{CF}{(1+r)^2} + \frac{CF}{(1+r)^3} + .. + \frac{CF}{(1+r)^n}$$

$$\textcircled{2} - \textcircled{1} \quad rPV = CF - \frac{CF}{(1+r)^n}$$

還沒完，當 n 接近無限大（∞）時，後面的那個算式也會驅近於 0。所以 rPV 會變成近似於 CF，若我們將 r 移到式子的右邊，於是 PV 就會約略≒ CF ／ r。如下：

$$rPV = CF - \frac{CF}{(1+r)^n} \quad ，當 n \to \infty ，\frac{CF}{(1+r)^n} \doteqdot 0$$

$$rPV \doteqdot CF$$

$$PV \doteqdot \frac{CF}{r}$$

先說明一下，這個公式的推導過程，不是我自己發想出來，是參考《13堂投資心法與實作課》這本書所介紹的內容。這個「簡潔版」公式 PV ≒ CF ／ r，帶給我的啟示是，若無法明確預估企業未來多年的自由現金流量，那就先預估最近 1 年的就好。

而我們是使用企業發放的股利，來預估該企業最近 1 年的自由現金流量，因為公司的股利是利用自由現金流量發放的。至於折現

率，就是設成我們要求的現金殖利率。公式如下：

$$PV\,(股價) \approx \frac{CF\,(現金股利)}{r\,(現金殖利率)}$$

假設我們現金殖利率預設為 6.25%，代入公式中，現金殖利率法的便宜價，就會等於股利 × 16。換句話說，只要把股利乘上 16 倍，就會得到便宜價。而這個便宜價的現金殖利率至少有 6.25%（其實就是 16 的倒數）。而它另一個好處是，可以跟銀行利率做個比較，這樣就清楚你買的股票，是貴還是便宜。

公式如下：

$$\frac{CF\,(現金股利)}{r\,(現金殖利率)} = \frac{2}{6.25\%} = \frac{2}{\frac{1}{16}} = 2 \times 16 = 32$$

由於目前美國大幅升息的原因，若你認為現金殖利率 6.25% 還不夠高，那你可以設定的更高一點。例如，你可以改成便宜價＝股利 × 14。這時現金殖利率就有 7.14%。但「現金殖利率法」在美股中並不流行，原因在於許多美國企業是不發放股利的，就像是巴菲特的波克夏公司就不發放股利，所以，現金殖利率就計算不出來。

美國比較流行的作法是「現金流量折現法」，因為美國腹地廣大（有 51 州），若某個企業要從某一州逐步擴展到全美，通常需要花上好幾年的時間。像是沃爾瑪 (Walmart Inc) 當初從一個州擴展到

全美 6,000 多家店，總共花了將近 30 年的時間，而話說當初麥當勞 (McDonald's) 擴展到全美各地，也同樣花了 20 幾年才達成。

所以，美國一些非科技股的傳統產業，只要有強大的護城河，其實仍可看到好幾年之後那麼遠；反觀台灣的企業除了本身市場不夠大（只有一個省），加上大部分的企業都在幫國外品牌做代工，自然無法評估得很遠。

總結來說，當某企業未來收益評估很明確時，才使用「現金流量折現法」。當不太確定時，就使用「簡潔版」算式的「現金殖利率法」來評估價值即可。

2.4

價值投資的心訣：
尋找一隻「被低估」且「會飛」的鴨子……

> 「這是我們這一行中的一個神祕問題，我和每個人都有這種感覺，
> 我們根據經驗，知道市場最後會以某種方式，讓價值升上來。」
> ──班傑明・葛拉漢（Benjamin Graham）

在《超值投資：價值投資贏家的選股策略》（Deep Value：Why Activist Investors and Other Contrarians Battle for Control of Losing Corporations）這本書中有提到，美國參議院銀行與匯率委員會主席，問了葛拉漢一個跟價值型投資有關的核心問題：**「價值被低估的股票，如何恢復其公平的價值？」**

主席問道：「當你發現一種特殊狀況，可以用 10 元買到價值 30 元的東西，因而承接一筆部位，可是在很多人認定這樣東西價值 30 元之前，你都不能實現獲利，這種過程是怎麼形成的？是靠廣告嗎？還是發生了什麼事情？」

葛拉漢回應：「這是我們這一行中的一個神祕問題，我和每個人都有這種感覺，我們根據經驗，知道市場最後會以某種方式，讓價值升上來。」但葛拉漢根據的絕對不是用買菜時的經驗，就像宏達電（2498）股價一路從 1,400 元跌到 100 元以下，這一路上套牢了多少的菜籃族……。

這個謎題的答案究竟是什麼？

其實，巴菲特早已回答我們了。

在《巴菲特寫給股東的信》這本書中，巴菲特描述，我們所採取的態度，是美國職業曲棍球的大明星格瑞斯基所提出的建議：「站在球會到的地方，而不是它現在所在的位置。」投資股票也是同樣的道理，若你只貪圖它如今便宜的價格，幻想著童話故事中青蛙被公主親吻後會變回王子……，那麼我只能說，恐怕你最後得到的回應可能只是呱呱呱的叫聲。

而我也是歷經多年的痛苦，方才體悟出這個道理。

我經常收到讀者寫信問我：「我會買進資料評估中，股價低於內在價值的股票嗎？」

而我總是回答：「並不是。」

主要的原因是我會考量到另一個因素，那就是「時間」。

一般價值型投資人買進價值低估的股票後，只能消極等待。

等待什麼？

無非就是等待市場日後會伸張正義，讓該檔股票恢復到它原本應有的公平價值。但這時間短則幾個月，長則可能需要好幾年，只要時間一拉長，你的報酬率就會下降。例如你以 55 元的價格，買進一檔價值低估的股票，並期待日後它會漲回公平價值 60 元（為了方便計算和比較，假設此股票沒配發股利）：

★ 1 年之後，股價才恢復公平價值 60 元：其年化報酬率爲 9.09%

★ 2 年之後，股價才恢復公平價值 60 元：其年化報酬率爲 4.45%

★ 3 年之後，股價才恢復公平價值 60 元：其年化報酬率爲 2.94%

再加上若考量機會成本的問題，你的資金可能因爲被綁在那裡，故而喪失了其它投資的大好機會。

巴菲特在《巴菲特的投資原則》這本書中曾說過：「投資的表現在某些方面像池塘裡的鴨子。池水（市場）上漲時，鴨子會浮起來；池水下降時，鴨子也會跟著下降……水位對巴菲特合夥事業的表現影響極大……但我們偶爾也會揮動自己的翅膀。」

我也跟巴菲特一樣，傾向主動尋找容易被市場發現的價值股。我先打個比方：「如果你跟某人相約在人多的地方，你要用什麼方式讓對方快點找到你？很簡單，你只要舉起手揮動你的臂膀。」同樣的道理，當一隻被低估價值的鴨子藏身在一大群的鴨子當中，牠要如何儘早被發現？

道理其實很簡單，只要那隻鴨子用力揮動翅膀即可。

所以，我所要介紹的「價值投資的秘訣」即是：尋找一隻「價值低估」且會「揮動翅膀」的鴨子。接下來，我將舉一個我在 2017 年實際參與的投資案例供人家參考（見圖 2-2）：

圖 2-2

便宜價 = 4.2×16 = 67.2

2017 年，我以 63.8 元的價位買進牧德（3563），因為它當時股價低於現金殖利率法的便宜價 67.2 元。便宜價計算方式是：

4.2（今年配發的現金股利）×16 ＝ 67.2 元。

而我當時買進牧德的原因，主要是「每月營收年增率」。該檔股票在 2017 年時，其數據呈現大幅的成長（見表 2-5）：

表 2-5

牧德 （3563）	1月	2月	3月	4月	5月	6月	7月	8月
營收 年增率	63.70%	100.20%	30.23%	55.70%	65.32%	62.97%	73.27%	65.22%

資料來源、製表：作者

「營收」是評估一家公司基本面能否止跌回升的重要指標，而年增率是指和去年同期相比，若這個數據大幅成長，表示公司（球）將

往上走的機率很高。且此數據每月都會公佈，所以營收年增率大幅成長的股票，很快就會被市場發現，它不但很快會恢復其公平價值，若它持續不斷地奮力揮動翅膀，可能還會飛上天……。例如 2018 年，在眾所週知之下，牧德股價就飆破了 500 元大關。

但是會不會發生一種情況，就是當你買進之後，它公佈的營收年增率就開始不好了……？而這種在投資時遇上的倒楣事，我竟然也在 2017 年時不幸碰上。情況就像我當時買進的茂訊（3213）一樣（見圖 2-3）：

圖 2-3

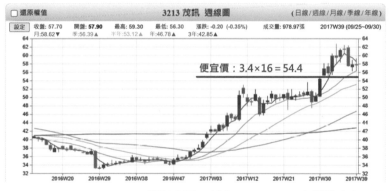

資料來源：截自 Goodinfo！台灣股市資訊網

當我買進茂訊（3213）後，該公司從當年的 7 ～ 8 月開始，營收年增率表現就不如預期（見表 2-6）。但其實也別擔心，因為當時我買進的價位低於現金殖利率法的便宜價，也就是現金殖利率至少有 6.25%。若之後股價再下跌，其現金殖利率會變高，所以定存族會去接，換言之，下跌空間其實很有限。

表 2-6

茂訊	1月	2月	3月	4月	5月	6月	7月	8月
營收年增率	38.10%	43.74%	40.50%	14.87%	52.07%	33.93%	4.10%	7.14%

資料來源、製表：作者

現在我來問大家一個問題，這種投資方法，你認爲是 A、B 牌組，還是 C、D 牌組呢？（請看「1.3 防範之道：運用塔雷伯的『反脆弱』」的相關內容），請見（圖 2-4）。

圖 **2-4**

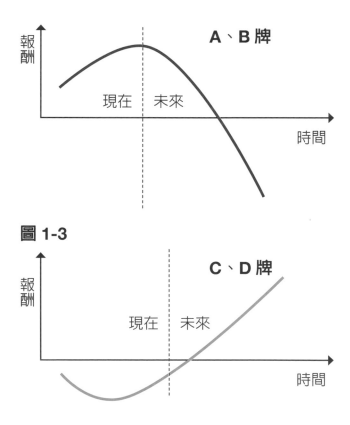

圖 **1-3**

答案是：因爲隨著時間的推移，機率會是小輸大贏，所以是Ｃ、Ｄ牌組。這是一種「低風險高報酬」的投資方式。所以在我的投資課堂上，我常常告訴學員，每年2月底至3月初時，你都可以在報紙或網路電子媒體上找到，台灣上市櫃公司宣佈配發股利的消息。我建議在那時候趕緊去尋找，哪些股票的股價低於現金殖利率法的「便宜價」，且「營收年增率」大幅成長的個股。

爲什麼要趕緊去找呢？

因爲不只你在找，也有許多價值型投資人也在找，還有一些有電腦系統的券商也再找，只要你找得比別人慢一點，就很有可能錯失買進的好價位。

最後，套用葛拉漢的話來做個總結：「對於這種價值投資法，我總有一種感覺，根據經驗，我知道市場最後將會以某種方式，讓價值升上來。」

第 **3** 章

第二份寶物：
蜂蠟翅膀
（成長分析）

本章的開頭，我想先講述一則希臘神話故事：

代達羅斯（Daedalus）是一位偉大的神匠，被視為智慧、知識和力量的象徵。他幫克里特島國王米諾斯建造一座無人能脫逃的複雜迷宮，裡頭圈養了半牛半人的怪物米諾陶，而雅典城的人民必須每年進貢童男童女供牠進食。

某一天，雅典王子忒修斯（Theseus）為了替人民除害，殺了怪物米諾陶，王子是受到代達羅斯的線團幫助下（標記出走過的路），而逃出了迷宮。但此舉引發了國王米諾斯的怒火，下令把代達羅斯和他的兒子伊卡魯斯（Icarus）關進他自己所設計迷宮中，宛如自食惡果。

後來，代達羅斯為了他們父子倆能逃出迷宮，利用蜂蠟和收集鳥掉落下來的羽毛，製成了蜂蠟翅膀，最後終於順利的飛出迷宮，重獲自由。

為什麼我要講述這則故事呢？因為價值型投資人，也常常不知不覺地畫地自限，掉進了自己的價值迷宮中。

價值陷阱

某天電話鈴聲響起，姐姐正打電話過來詢問相關股票的意見。那時我們討論到台積電（2330），我說：「台積電可以買」。但後來，姐夫對台積電沒興趣，因為台積電當時（2013 年）股價在 100 多元附近，他覺得不夠划算。反而是宏達電（2498）股價已腰斬，從 300 元跌到 150 元，所以姐姐又打電話過來詢問說：「姐夫問，那宏達電是否可以撿便宜？」那時我臉上冒起三條線！

這是一般投資人常會掉入的價值陷阱。其實，我以前也深陷在價值迷宮中走不出來，只是我犯的錯誤是另外一種。就像下面的例子（見表 3-1）：

表 3-1

A 公司（成長列車）				B 公司（價值列車）			
年度	每股盈餘	內在價值	市場價值	年度	每股盈餘	內在價值	市場價值
2000	1.49	39.16	44	2000	5.03	132.72	132
2001	1.70	44.68	51	2001	4.40	115.64	115
2002	1.95	51.52	58	2002	3.84	100.92	100
2003	2.23	58.61	67	2003	3.35	88.04	88
2004	2.56	67.28	76	2004	2.93	77.00	76
2005	2.93	77.00	88	2005	2.56	67.28	67
2006	3.35	88.04	100	2006	2.23	58.61	58
2007	3.84	100.92	115	2007	1.95	51.52	51
2008	4.40	115.64	132	2008	1.70	44.68	44
2009	5.03	132.72		2009	1.49	39.16	

資料來源、製表：作者

A 公司每年盈餘都成長，但股價一直都在內在價值之上；而 B 公司基本面一直不如預期，所以股價時常會跌到內在價值之下。因為我以前自許為「價值型投資人」，所以我的投資組合中，股票大都是像 B 公司那樣，就是沒有 A 公司的股票。但股票貴了一點就不買它，這樣的堅持日後看起來很愚蠢。若以火車來比喻，A 公司就像是特快車，雖然票價比較貴，但往往能更快讓你達到財務自由。

如同巴菲特所說：「**時間是優秀企業的朋友，卻是平庸企業的敵人。以合理價格買進一家好公司，比以好價錢買進平庸公司好多了。查理老早就明白這個道理，我的反應則比較慢。**」

查理‧蒙格是巴菲特的事業夥伴，也是波克夏的副董事長。他曾解釋巴菲特早期因為受到葛拉漢的影響，所以不肯多花錢去買進優質企業。

而我不幸地也曾遭遇到同樣的問題。

我的問題是，若想買進 A 公司，那麼就絕對無法利用價值分析，因為 A 公司股價很少會跌到內在價值之下，所以必須提高點價格，改以合理價格買進。

因此，若我想從價值迷宮中脫身，看來我也需要一雙「蜂蠟翅膀」來評估成長股的合理價格才行。

3.1

遇見成長股投資大師吉姆・史萊特 –
本益成長比

「成長股的股價會上漲，完全是因為盈餘成長和本益比倍數的變化，若買到本益比大幅低於盈餘成長的股票，無異就是找到罕見的寶石。」

—吉姆 ・ 史萊特（Jim Slater）

　　我過去曾經翻閱了不少書籍，就是想找找看有沒有評估成長股的方法？後來，我真的就在散戶兵法《祖魯法則》（The Zulu Principle）這本書中找到訣竅。此書作者吉姆・史萊特（Jim Slater）是英國著名的投資大師，雖然 1975 年時因遭遇金融風暴及借貸過度而宣布破產，但之後東山再起，成功賺回比破產前更多的財富，而他依靠的法寶就是**投資成長股**。

　　吉姆・史萊特曾以「大象不會疾奔」這句話來表示他對小型成長股的愛好。他投資成長股的方式是，藉由比較預估本益比和預估成長率，尋找價格相對便宜的股票，而這種方法被稱為「本益成長比」。

　　他表示：「年成長率 15% 的公司應該得到 15 倍本益比；年成長率 20% 的公司應該有 20 倍的本益比。若把本益比除以成長率，你會得到本益成長比，而這個比率最好低於 0.66。」

　　本益比是指股價除以去年的每股盈餘。例如，如果一家公司的

股價為 20 元，而且這家公司去年的每股盈餘（EPS）為 1 元，則本益比為 20（股價）／ 1（每股盈餘）＝ 20。

　　一般來說，市場對於盈餘成長率較高的股票，通常會給出較高的本益比，而吉姆‧史萊特利用兩者的相對關係，找出股價遭到低估的成長股。細節如下：

　　★本益比 20 倍，年成長率 20%，比值為 1（20 ／ 20 ＝ 1）：代表名副其實。

　　★本益比 30 倍，年成長率 20%，比值為 1.5（30 ／ 20 ＝ 1.5）：代表名過其實。

　　★本益比 10 倍，年成長率 20%，比值為 0.5（10 ／ 20 ＝ 0.5）：代表遭到低估。

　　吉姆‧史萊特在書中建議讀者尋找比值低於 0.66 的成長股。而我自己就是利用此原理，推算出成長股的「合理成長價」。接著，讓我來說明整個推導的過程：

　　因為吉姆‧史萊特提到：「把本益比除以成長率，會得到本益成長比，這個比率最好低於 0.66」，所以我們會得到下列的公式：

本益比／預估成長率＝ 0.66

　　第一步，我們可以把「預估成長率」，移到等式的右邊變成，公式如下：

本益比＝預估成長率 × 0.66

　　第二步，因為本益比的定義是「股價／每股盈餘」，所以我們

可以用「股價／每股盈餘」替換「本益比」後再代入公式，如下：

股價／每股盈餘＝預估成長率 × 0.66

第三步，我們再把「每股盈餘」移到等式的右邊，公式如下：

股價＝每股盈餘 × 預估成長率 × 0.66

而這個「股價」即是成長股的「合理成長價」。

若你覺得這個推導過程有點複雜，沒關係我直接教各位，如何把這個公式給背下來。因為一般投資人，若要評估一檔股票的合理價格，會用「合理本益比」×「每股盈餘」。所以公式如下：

合理價格＝合理本益比 × 每股盈餘

而彼得·林區認為成長股的「合理本益比＝盈餘成長率」，所以我們可以用「盈餘成長率」替換「合理本益比」並代入公式中。如下：

合理價格＝盈餘成長率 × 每股盈餘 × 0.66

多乘上 0.66，你可以想像成跟價值分析一樣，也就是打個折扣，預留安全邊際。而這個公式跟之前推演的一模一樣，你是不是一下子就能理解，順便將公式記起來了。

各位有沒有發現，評估成長型股票和評估價值型股票，其原理雖不相同，但精神卻是一樣的，就是評估出一個相對較便宜的價格並且買進。如同蓋可保險公司（Government Employee Insurance Corporation：GEICO）資產配置長路易斯·辛普森（Louis

Simpson）所說：「價值型投資人可以是成長型投資人，因為可買進成長潛能高於平均水準的對象，也能夠買進企業價值被低估的對象。」

這也是為什麼後來，我能從「價值型投資人」，輕鬆轉換成「成長型投資人」的主要原因。

3.2
成長股的估價

「一家公司能夠成長是很棒的事情；如果你能找到成長公司的便宜股，報酬可以吃上好幾年。」

—約翰 · 坦伯頓（John Marks Templeton）

關於如何預估股票未來成長率的部分，吉姆・史萊特在其著作《祖魯法則》（The Zulu Principle）中，採用的是觀察過去 5 年的歷史成長率，並藉以推估未來的成長率。但可能是此書出版於 1992 年，當時只有公佈年報的習慣。而我的方法卻不同，我是直接使用當年度發佈的季報來推估。

而我使用的是「粗估法」：例如在預估今年盈餘部分，若剛公佈一季 EPS（每股盈餘），就將第一季 EPS × 4；若公佈第二季 EPS，就將前二季 EPS × 2；若公佈第三季 EPS，就將前三季 EPS ÷ 3 × 4。

接著，再將（預估今年盈餘－去年盈餘）÷ 去年盈餘，即可算出未來成長率。而因為台灣大部分的電子股，都是下半年業績，比上半年好，所以在第二季之後，使用這種粗估法，預估的準確度其實都算蠻高的。

例如，台積電（2330）2013 年，每股盈餘 7.26 元，若 2014 年

前三季，每股盈餘為 7.09 元。則可計算出以下結果：

★預估每股盈餘＝9.45 元（粗估法：7.09 ÷ 3×4 ＝ 9.45）

★預估盈餘成長率＝（9.45 － 7.26）÷ 7.26 ＝ 30%

接著，我們就可以把計算出來的數據代入推演的公式中，得出如下公式：

合理價格＝盈餘成長率 × 每股盈餘 × 0.66

而計算「合理成長價」有兩種方式，則有：

★歷史本益成長比：盈餘成長率 × **歷史盈餘** × 0.66 ＝ 30 × **7.26** × 0.66 ＝ 144 元

★預測本益成長比：盈餘成長率 × **預估盈餘** × 0.66 ＝ 30 × **9.45** × 0.66 ＝ 187 元

第一種「歷史本益成長比」的每股盈餘，代入的是「歷史盈餘」。以這個例子來看，當時是 2014 年，所以我們「歷史盈餘」代入的數字是台積電 2013 年的每股盈餘 7.26 元。另一種「預測本益成長比」的每股盈餘，代入的則是「預估盈餘」。以這個例子來看，我們「預估盈餘」代入的數字，其實是台積電2014年的預估每股盈餘9.45元。

在散戶兵法《祖魯法則》（The Zulu Principle）書中使用的例子是「預測本益成長比」，一般在網路上查到的計算實例，通常都採用「預測本益成長比」。但我個人比較喜歡「歷史本益成長比」，因為其數值較低，可以防止自己預估的結果太過樂觀。

因為若你預估的盈餘太過樂觀，之後計算出來的「合理成長價」

往往會很高，若之後企業成長不如預測，這時你很容易就會套牢。這也是為什麼在網路上，雖然有人使用「預測本益成長比」，但他卻把公式中乘上0.66的部分改成0.5，而這套公式計算出來的數值，其實與我採用「歷史本益成長比」計算的結果，差異不大。

以前我在評估盈餘成長股時，習慣等第二季或第三季財報公佈後，再預估「合理成長價」（因為準確度較高），但其缺點是，到時候股價往往也開始起漲了，價差因此變小。所以近幾年，我發現直接使用第一季財報的數據來預估，效果其實也不錯。

例如智邦（2345），2016年每股盈餘3.51元，2017年第一季每股盈餘為1.19元。可計算出以下結果：

★預估每股盈餘＝4.76元（粗估法：$1.19 \times 4 = 4.76$）
★預估盈餘成長率＝$(4.76 - 3.51) \div 3.51 = 35.6\%$
★合理成長價＝$35.6 \times 3.51 \times 0.66 = 82$元

所以當智邦第一季財報公佈後，因為其股價低於「合理成長價」，我馬上就以66.4元的價位買進，買進後的股價走勢圖如右（見圖3-1）：

但畢竟第一季預估成長股的「合理成長價」，風險會較高，因為準確度不足，所以若要在第一季就評估買進，我都會配合技術面的「關鍵點」突破買進訊號，以提高判斷成功機率。而有關「關鍵點」的判斷規則，我將會在第四章說明。

在使用上，唯一要注意一點的是，因為所有的股票都是使用同一種公式，但每支股票的市值都不同，所以使用時最好查一下歷史

圖 3-1

□ 還原權值		2345 智邦 週線圖		(日線/週線/月線/季線/年線)

資料來源：截自 Goodinfo ！台灣股市資訊網

價格。說得更白話一點就是，先確定股價有無機會上漲到預估的「合理成長價」？

例如，某支股票你預估今年每股盈餘爲 3.77 元，預估盈餘成長率爲 39.63%，這時計算出的「合理成長價」爲 72.45 元。但若你查詢到這支股票某年度 EPS 爲 3.8 元，它當時的歷史價格最高也才不過 58.1 元。這時你就必須把這支股票的「合理成長價」下修到 58.1 元，這樣才會比較保險。

而每當我找到符合上述的股票後，我會在下手買進前，再次 Google 一下該公司經營高層對未來營運的看法與聲明。我在此想要強調的是，你一定要確定這是企業高層的聲明，而非媒體或某某法人說的謠傳或看法。

若公司經營高層的聲明，對未來感到樂觀，我才會決定買進。

例如，聲明像是今年上半年業績不錯，下半年業績會更好。若明後年也看好者更佳。反之，若公司經營高層對未來感到不樂觀，例如下半年展望還不明朗，我就不會買進。因為我們預估的盈餘都是從上半年去推估的，若它下半年展望不佳，那我們的預估的「合理成長價」可能會是錯的。

最後，若買進之後，其每股盈餘持續的成長，我會傾向不要賣出。例如，我在 2013 年，以 101 元的價位買進台積電，因為它的每股盈餘持續成長，所以我就一直沒賣出並持有到現在（見圖 3-2、表 3-2）。

如同約翰·坦伯頓（John Marks Templeton）所說：「一家公司能夠成長是很棒的事情；如果你能找到成長公司的便宜股，報酬可以吃上好幾年。」

圖 3-2

資料來源：截自 Goodinfo ！台灣股市資訊網

表 3-2

台積電 （2330）	2013 年	2014 年	2015 年	2016 年	2017 年	2018 年	2019 年	2020 年	2021 年	2022 年
每股盈餘 （EPS）	7.26	10.18	11.82	12.89	13.23	13.54	13.32	19.97	23.01	39.2

資料來源、製表：作者

第三章・第二份寶物：蜂蠟翅膀（成長分析）

3.3

第二層思考－**如何挑選低風險成長股？**

「歸根究柢，投資人的工作就是用聰明的方式承受風險，以追求利潤。一流的投資人和其他人的差別，就在有沒有把這件事做好。」

—霍華德 · 馬克斯（Howard Stanley Marks）

先來回顧一下《希臘神話故事》的劇情：

在代達羅斯（Daedalus）和他的兒子伊卡魯斯（Icarus）順利逃脫後，他並告誡兒子，飛行時千萬不要飛得太高，但穿著蜂蠟翅膀的伊卡魯斯，因為被美麗和煦的陽光所吸引，把父親的忠告忘得一乾二淨，不知不覺地愈飛愈高，彷彿能觸及天堂。

但不久之後，炙熱的陽光融化了蜂蠟，使得翅膀上的羽毛紛紛掉落，伊卡魯斯頓時墜入海中死亡……。

這則希臘神化故事的寓意，也很像投資成長股時會遇到的情況。如同吉姆·史萊特（Jim Slater）的告誡：「手握天文數字本益比的股票，我會渾身不對勁，所以通常早早淘汰，我自知有時錯過上好的投資機會，但堅持原則讓我比較安心。」所以，投資成長股切忌不要一味追高，尤其發生黑天鵝事件時，損失往往會更重。因為當市場陷入恐慌，投資人一定會先賣掉成長股，因為成長股的價位通常比較好。

曾有上過我投資課程的學員，特地跑來問我應該要如何預防？

因為黑天鵝事件都是突發狀況，所以根本無法預測何時發生。

後來，我遇到另一位投資大師霍華德‧馬克斯（Howard Stanley Marks），他是橡樹資本管理公司（Oaktree）的基金經理人，他每年所寫的備忘錄更是許多投資人必讀的寶典，在他所寫的《投資最重要的事：一本股神巴菲特讀了兩遍的書》

（The Most Important Thing Illuminated: Uncommon Sense for the Thoughtful Investor）一書中，他便一再提醒投資人必須學習第二層思考。

霍華德‧馬克斯表示：「絕對報酬高，遠比優異的經風險調整後績效容易讓人看到且令人欣喜。這是獲得高報酬的投資人，照片會刊登在報紙上的原因。但是依我之見，出色的投資人是指賺取同等的報酬時，承受的風險比較低的人。」

散戶可能會看不懂這句話，因為一般人的認知是，只要結果（投資報酬率高），就代表投資決策是好的。但霍華德‧馬克斯並不認同，而我接下來便要舉一個例子做說明（見圖 3-3）。

光從投資報酬率來看，確實很難分辨 A 經理人和 B 經理人那個好，因為投資報酬率目前都是 30%。但當中的區別是：A 經理人著重趨勢，B 經理人著重安全。

霍華德‧馬克斯曾說：「風險控制做得好，極少得到獎賞。箇中理由在於風險是隱藏的、無形的。風險也就是發生虧損的可能性，

圖 3-3

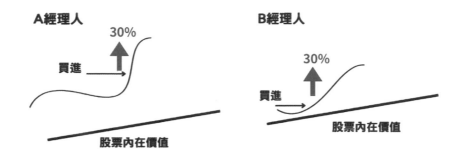

圖 3-4

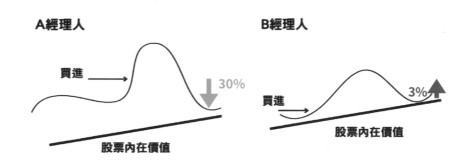

是觀察不到的。能夠觀察到的，只有在風險與負面事件撞在一起時才會發生。」這也就是巴菲特的經典警語「**當大浪退去時，我們才知道誰在裸泳**」。例如，當市場發生黑天鵝事件時，A 經理人遭受重擊，帳面虧損 30%，而 B 經理人卻還能有 3% 的報酬率（見圖3-4）。

A 經理人和 B 經理人，這兩者最大的差別在哪裡？

答案就是「安全邊際」。

也就是說，B 經理人當初買進的價位，離股票內在價值較近一些。這個例子告訴我們，在投資之前應該要把風險先考慮進去（第二層思考）。

如同霍華德‧馬克斯所說：「戒慎恐懼投資、要求優良的價值，以及預留安全邊際，並且了解你不知道和不能控制什麼事情，這是我所知一流投資人的正字標記。如果你的技巧夠好，能在控制風險的情形下，踏進更積極的利基，那就再好不過了。」而接下來，我就要傳授各位這種的投資方法，而我在此將它們稱為「成長價值投資法」。

這是我在 2016 年時，無意間發現的方法。

當年我以 61.2 元的價位買進崇越（5434），那時的股價正在創新高。一般投資人看到股價創新高，一定會覺得風險太高而不敢買進，但其實我買的很便宜。

為什麼？

因為崇越當時的基本面大幅成長，所以隔年（2017 年）的股利提高到 5 元，也就是現金殖利率法的「便宜價」為 5 × 16 ＝ 80 元，其價值被大幅墊高了。而主因是成長股的「內在價值」會跟著基本面成長，只是許多人常會忽略了這一點。

「成長價值投資法」指的就是，買進股價低於未來成長價值的股票。而我們首先要做的是計算成長股將來即將墊高的「樓地板」（Floor），即是「未來 1 年便宜價」。計算步驟如下：

1. 預估現金股利配息率

2. 預估今年每股盈餘

3. 未來 1 年便宜價＝預估明年的股利（現金股利配息率 × 今年每股盈餘）× 16

　　因爲 2018 年第三季剛好遇到中美貿易大戰，所以我接下來的例子，是用 2018 年第二季的財務數據做預估。而我們可以試著驗證這種投資方法，在第三季遇到中美貿易大戰時的成效，又是如何？

範例 1：牧德（3563）

　　牧德 2017 年 EPS 爲 10.86 元，2018 年第二季 EPS 爲 12.33 元。所以預估每股盈餘爲 12.33 × 2 ＝ 24.66 元（粗估法），預估盈餘成長率爲（24.66 － 10.86）÷ 10.86 ＝ 127%，即是一支成長股無誤。而計算未來 1 年便宜價，如下：

　　★預估現金股利配息率：因爲當時不知道牧德 2019 年的配息率如何，只能依照 2018 年的金額來預估，即是把 2018 年配發的現金股利 ÷ 2017 年的每股盈餘爲 10 ÷ 10.86 ＝ 92.1%

　　★預估今年每股盈餘：因爲當時只公佈半年報 EPS 爲 12.33 元，所以採用粗估法直接乘 2，即是 12.33 × 2 ＝ 24.66 元

　　★未來 1 年便宜價：預估明年的股利（現金股利配息率 × 今年每股盈餘）× 16 ＝（92.1% × 24.66）× 16 ＝ 363 元

　　如（圖 3-5）所示，牧德因爲有較高的「未來 1 年便宜價」，所以股價遇到「未來 1 年便宜價」時，似乎呈現較抗跌的走勢。這

圖 3-5

資料來源：截自 Goodinfo！台灣股市資訊網

也給我們另一個啓示是—若你當時買進成長股的價位是低於「未來1年便宜價」，若之後突然發生黑天鵝事件，你還是有機會脫逃。

範例 2：台勝科（3532）

台勝科 2017 年 EPS 爲 2.89 元，2018 年第二季 EPS 爲 3.49 元。所以預估每股盈餘爲 3.49 × 2 = 6.98 元（粗估法），預估盈餘成長率爲（6.98 － 2.89）÷ 2.89 = 142%，也是一支成長股。但它的「未來 1 年便宜價」比較低，只有 80 元（見圖 3-6）。

因爲台勝科的「未來 1 年便宜價」相對較低，只有 80 元，所以你不容易以低於 80 元的價位買到。而當 2018 年第三季遇到中美貿易大戰時，股價就跌得非常深。我本來想觀察台勝科之後的股價會不會跌到「未來 1 年便宜價」80 元時止跌，但可惜的是台勝科後來宣佈減資 50% 的關係，該檔股價就順勢彈上去了。

圖 3-6

資料來源：截自 Goodinfo！台灣股市資訊網

　　所以，這些例子足以說明，**擁有較高「未來 1 年便宜價」的成長股相對抗跌**。投資股價低於「未來 1 年便宜價」的成長股，風險其實並不高。而這種投資方式還可以賺取以下兩種所得：

　　★繼續持有，將來可以賺取不錯的股息（「未來 1 年便宜價」的現金殖利率至少有 **6.25%**）。

　　★若黑天鵝事件之後散去，股價上漲時，還可以賺取價差。

　　而在計算「未來一年便宜價」時，需要注意以下幾點：

　　★儘量選擇配息率低一點的個股，因為太高的話，之後可能會有下修的風險。像是牧德的缺點就是配息率太高，雖然後來 2019 年牧德宣佈的配息率和 2018 年相當，但一到 2020 年時就大幅下修了。

　　★必須過濾不尋常的高盈餘。若非本業貢獻，將來可能會賺了股息卻賠了股價。

★在第二季或第三季財報公布後，預估會比較準確些。

但是 2022 年發生股市崩盤時，這個方法的效果並不好。原因是出於美國聯準會宣佈要連續升息，卻又沒有表明升息何時才會停止。而我們計算的「未來 1 年便宜價」的現金殖利率為 6.25%，這在之前低利率的情況下，股價可以達到很好的支撐，但在高利率的情況下，效果就不怎麼好。

而改善的作法，則是你可以把「未來 1 年便宜價」的現金殖利率設定的再高一點，例如，改成現金股利配息率 × 今年每股盈餘 × 14，這時現金殖利率就有 7.14%。

現在，我再問大家一個問題，面對這種投資方法，你認為是 A、B 牌組，還是 C、D 牌組呢？（在第一章提到的，請見圖 3-7）：

圖 3-7

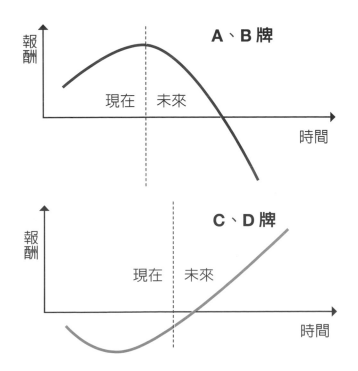

答案是：隨著時間的推移，機率會是小輸大贏，所以是選 C、D 牌組。

然而，你可能會懷疑它的可靠度不如「價值投資的秘訣」（第二章）。但在成長型股票中確實是 C、D 牌組，因為雖然這種股票在 2022 年也大跌，倒是在 2023 年初，公司開始宣佈未來將要配發的股利時，這時股價就都開始大幅回升了。

而這個「蜂蠟翅膀」，也是我要送給大家的第二份寶物，讓你能展翅翱翔於股市之中。最後，我以霍華德‧馬克斯的一句話來總結：「歸根究柢，投資人的工作就是用聰明的方式承受風險，以追求利潤。一流的投資人和其他人的差別，就在有沒有把這件事做好。」

第 **4** 章

第三份寶物：
水晶球
（股價趨勢分析）

在遠古時代,古人認為水晶球具有不可思議的力量,能夠預測未來。例如文藝復興時期的御用占卜師約翰・迪伊(John Dee),他是著名的數學家與占卜師,也曾經是英國女皇伊莉莎白一世(Elizabeth I)的御用算命師,專長占星學與水晶球占卜。

他宣稱自己擁有一塊天使送給他的水晶球,他稱之為天使之石,藉由這塊水晶,他可以跟自然界的靈體溝通。而那些使用水晶球來預測未來的人,便將這門手藝視為一種藝術。

然而在金融歷史中,也有一群人號稱擁有能預測未來股價趨勢的「水晶球」,他們被稱為技術分析師或圖表分析師,也將這門手藝視為一種藝術。而在我的投資旅程中,也被這項技藝深深吸引,因為我也很想擁有一顆自己專屬的「水晶球」。

4.1

凱因斯的選美理論：金融心理學

數以萬計的投資人對於「波動」的想法，確實會影響未來股市的
表現。畢竟，股市是由人所組成的。

—汪汪老師

　　技術面分析的歷史比基本面要早上許多，主因是早期並沒有網
路，所以基本面的資訊必須經過出版印成書本後，投資人才能看到，
這不像股價記錄那樣容易取得。

　　它們主要的目的並非針對未來可能的收益，做出長期的預測（因
為資訊不容易取得），而是預測群眾的心理。也就是搶在槍聲響起
前起跑，或得知情況不太對勁時盡快將股票脫手給別人去承接，讓
利潤順利落袋。

　　就像經濟學家凱因斯（John Maynard Keynes）在其著作《就業、
利息和貨幣通論》（The General Theory of Employment, Interest, and
Money）中所描述的「選美理論」一樣：「就像那些報紙舉辦的競賽，
參賽者必須從上百張照片中挑出六個最漂亮的臉孔，而得獎者是那
些挑出的照片，最接近所有參賽者平均偏好的人。所以參賽者挑的
不是他自己認為最漂亮的臉孔，而是他認為某其他參賽者會喜歡的
臉孔，以至於所有參賽者都從同一個角度來看問題。此時已來到第

三個層次，也就是預測一般人心中的平均意見為何。我相信，有人能做出第四、第五甚至更高層次的推論。」

所以，技術分析者記錄價格變化和股價波動，主要是想了解大部分投資人對於價格波動的反應。因為數以萬計個別投資人對於波動的想法，會影響未來市場的表現。

畢竟，股票市場是由人所組成的。

那要如何預測大眾的想法呢？接下來，我們就來試著進行這個思考的推論過程：

一、人們的想法會受到什麼影響？

首先，我們來看一個非常著名的心理測驗，內容出自《快思慢想》（Thinking, Fast and Slow）這本書，是針對舊金山探索館參觀的人所進行的測驗，題目如下：

美國最高的紅杉是高於或低於 1,200 英呎呢？你猜測最高的紅杉的高度是多少？

實驗結果：參與測驗人員的平均估值落在 844 英呎。

這回心理學家又稍稍修改了一下題目，並再對另一組人進行測驗，題目則是：

美國最高的紅杉是高於或低於 180 英呎呢？你猜測最高的紅杉，高度是多少？

實驗結果：另一組參與測驗人員的平均估值落在 282 英呎。

如專家所料，實驗中的參考點 1,200 英呎和 180 英呎，兩者之間產生了差異頗大的平均估值（844 英呎和 180 英呎），這就是所謂的「定錨效應」。當然如果你知道這個道理，你也可以預測出一般人平均會回答什麼？例如，我再把題目改成：

美國最高的紅杉是高於或低於 600 英呎呢？你猜測最高的紅杉，高度是多少？

這時你能猜出一般人心中的平均估值為何嗎？我想，這時候大家應該都猜得到，平均估值會落在 600 英呎附近。所以若你事先也知道，哪些效應是影響投資人行為的心理因素？這樣你應該也能做出一些預測。

《海龜投資法則：揭露獲利上億的成功秘訣》（The Way of the Turtle: The Secret Methods that Turned Ordinary People into Legendary Traders）這本書中曾描述，主角是訓練海龜成員，將來成為一位掌握趨勢的交易員，當中有提到會影響投資人的行為，主要有三大效應，分別是：

★定錨效應：在計算或比較價格時，最近新高或新低成為錨點。

★處分效應：如果我們等待市場修正，回到我們認為自己犯錯的那個水準，就可以重新採取我們認為正確的行動，改變自己的錯誤而不用承擔悔恨之痛。

★近期效應：如 30 元是近期低點，交易人在評估現價時，它所扮演的角色就會比之前的低點重要許多。

二、利用「1-2-3 準則」預測趨勢的變動？

這時我們來看一下技術分析師（圖表分析師）是如何利用這三大效應，預測股價趨勢的變動。

範例：股價處在上升趨勢軌道中（見圖4-1）：

圖 4-1

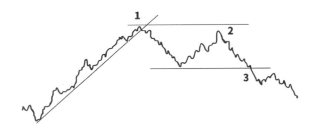

★當價格穿越繪製的趨勢線，產生的高點（壓力），會成為之後的「定錨效應」，則代表訊號1。

★之後股價反彈接近「定錨點」（壓力區）時，會出現「處分效應」（賣壓），若未發生突破，則代表訊號2。這通常又稱為測試壓力，且不只出現一次。若先前高點被突破，則代表上升趨勢又持續進行中。

★近期的低點（支撐）表示「近期效應」。它非常重要，若發生跌破，往往就代表著趨勢的改變（反轉向下），則代表訊號3。

至於股價處在下降趨勢的軌道中，可參考下圖（見圖4-2）：

圖 **4-2**

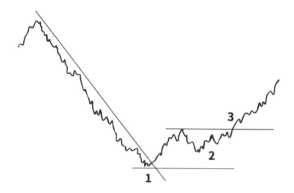

★當價格穿越繪製的趨勢線，產生的低點（支撐），會成為「定錨效應」，則代表訊號 1。

★之後股價來到低點（支撐區），會出現「處分效應」，也就是會出現買盤，若未能跌破先前低點，則代表訊號 2。這通常又稱為測試支撐，且不只出現一次。若先前低點被跌破，則代表下降趨勢又持續進行中。

★近期的高點（壓力）表示「近期效應」。它非常重要，若發生突破，往往就代表著趨勢的改變（反轉向上），則代表訊號 3。

其實，無論怎樣的股價線圖型態，技術分析師同樣都在觀察這「1-2-3 準則」（見圖 4-3）：

圖 4-3

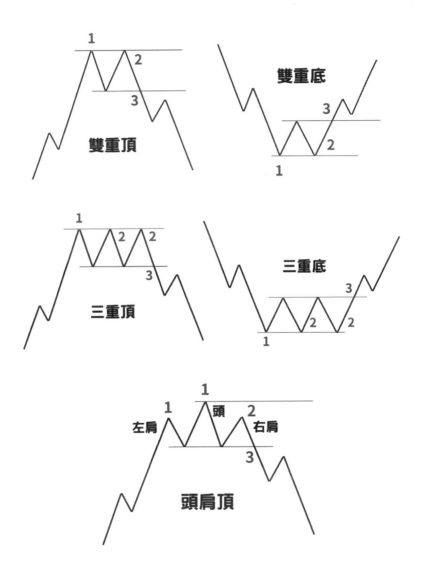

雙重頂

雙重底

三重頂

三重底

左肩　頭　右肩

頭肩頂

在此容我請問各位一個問題，若你要找尋趨勢即將改變的「點」，你會找訊號1、訊號2，還是訊號3？

答案應該是，訊號3。

而那個「點」，技術分析師稱作為「樞紐點」。它常代表股價整理型態完成而即將展開漲勢（或跌勢）的起點。所以股價一旦穿越「樞紐點」，即代表整理之後的行情即將啟動。所以，若你有一本小冊子，當中記錄了所有股票的「樞紐點」，那麼你在投資上就會占有極大的優勢（如果別人沒有）。

現在讓我們來思考一個問題，假設我們回到過去1893年那個年代：沒有手機、電腦、網路，股票價格是抄寫在黑板上的，那麼請問處在那個時代裡，你如何生出那本記載著「樞紐點」的小冊子？

由於我們剛剛的「1-2-3準則」是透過線圖觀察而來的，但早在1893年那個年代，其實根本連電腦都還沒有出現，股價全都是抄寫在黑板上的，所以遑論有股價曲線圖供你參考。

順便跟大家腦補一下，班傑明‧葛拉漢的《證券分析》（Security Analysis）是1930年出版的書，所以在1893年那個時代，根本沒有基本分析的概念，股市就像是賭場，若你能識別出「樞紐點」，那麼肯定會佔有極大優勢。

很難想像的，在那個年代裡，真的有一個人擁有那本小冊子，他稱「樞紐點」為「關鍵點」，那本小冊子則是他的關鍵點記錄。他的名字叫做傑西‧李佛摩（Jesse Lauriston Livermore），而他當時只有15歲……。

4.2
股票作手傑西・李佛摩的秘笈 – 「關鍵點」規則

「價格的變動不過只是一再的重複,儘管不同個股之間存在差異。
但這些記錄告訴我,可以看到預測未來重大走勢的型態形成。」
——傑西・李佛摩(Jesse Lauriston Livermore)

首先,我稍微介紹一下傑西・李佛摩(Jesse Lauriston Livermore)
的故事:他初中一畢業就開始上班,第一份工作是在一家證券號子裡
擔任抄寫黑板的小弟。他的自我介紹,內容如下:

每當工作結束,我不是立刻回家,而是記下我想要的數字,研
究其中的變化,我總是在尋找根據一定型態起伏的股價,我「標定」
這些股票,持續記錄在自己的小備忘本裡,持續了大約 6 個月。但
我當時並不知道這就是學習解盤。

對我來說,買賣從來沒有任何差別,我開始遵照自己的秘笈去
操作一種系統,而不是操作一支喜愛的股票,也不是操作支持我交
易背後的意見,我只知道其中的算術。

沒多久,我從空中交易號子賺的錢,就遠遠超過在證券號子裡
做事所賺的錢。我決定放棄現在的工作,即使父母親都反對,但他
們看到我賺取的錢之後,卻再也不能說什麼了……

總之，我15歲時就從股市裡賺到相當多的金錢，日子過得很好。但過沒多久，空中交易號子就因為痛恨我打敗了他們，開始私下叫我「少年賭客」。

　　以上內容節錄自《股票作手回憶錄》（Reminiscences of a Stock Operator）。我非常喜歡這本書，尤其對他的「股市秘笈小本子」很感興趣。傑西・李佛摩並沒有藏私，他有公開他的記錄手稿於《傑西・李佛摩股市操盤術》（How to Trade in Stocks）這本書中，我也花了很多時間研究他的手稿記錄，接著我就要介紹他的「關鍵點」規則。

市場之鑰：關鍵點規則

　　傑西・李佛摩在手稿中談到：「價格的變動不過只是一再的重複，儘管不同個股之間存在差異。但這些記錄告訴我，可以看到預測未來重大走勢的型態形成。」

　　在他的手稿記錄中，每支股票會按照其發生情況，分別填入6個不同欄位，依序是：

（1）次級反彈
（2）自然反彈
（3）上升趨勢
（4）下降趨勢
（5）自然回檔
（6）次級回檔

　　若股價處在「上升趨勢」以黑筆記錄，在「下降趨勢」用紅筆

記錄，其它的「自然反彈」、「次級反彈」、「自然回檔」和「次級回檔」則用鉛筆記錄。

對李佛摩而言，處於黑筆和紅筆的記錄比較重要，處於黑筆記錄的股票適合做多，處於紅筆記錄的股票適合做空。而處於鉛筆記錄的，代表行情只是自然擺盪，較不重要。在這裡順便說明一下，東西方文化上的差異。在歐美紅色通常代表不好的意思，但在東方的華人世界，紅色則是代表好的、吉祥的。就像台灣的股市，紅色代表上漲、綠色代表下跌。而美國股市則是反過來，紅色代表下跌、綠色代表上漲。

所以，可以理解為什麼當行情處於「下降**趨勢**」時，李佛摩會用紅筆記錄。我想在李佛摩的年代中，若他能找到綠色筆的話，當行情處於「上升**趨勢**」時，他應該會改用綠筆記錄才是。

因為李佛摩的關鍵點規則有很多，所以接下來我只會說明一些比較重要的規則，例如：

★當股價自「上升**趨勢**」欄發生跌幅並達 6 點以上，即轉填到「自然回檔」欄的那一天，用紅筆在「上升**趨勢**」欄最後數字下面劃線─即為「上升**趨勢**頂部關鍵點」（見圖 4-4）。

例如，一旦發生跌幅超過 6 點時，原「上升**趨勢**」欄最後記錄的股價 60 元，用紅筆在下面劃線，而 60 元即代表「上升**趨勢**頂部關鍵點」。因為李佛摩並未幫關鍵點命名，導致有許多人看不懂他的關鍵點規則。所以「上升**趨勢**頂部關鍵點」這個名詞是我自己取的。

圖 4-4

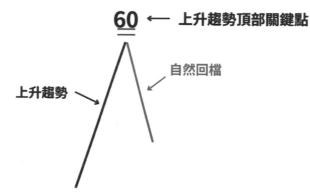

★當股價自「自然回檔」欄上漲 6 點以上，轉填到「自然反彈」欄的那一天，用紅筆在「自然回檔」欄最後數字下面劃線—即為「上升趨勢底部關鍵點」（見圖 4-5）。

例如，一旦發生漲幅超過 6 點時，原「自然回檔」欄最後記錄的股價 50 元，用紅筆在下面劃線，而 50 元即代表「上升趨勢底部關鍵點」（這也是我自己命名的）。

圖 4-5

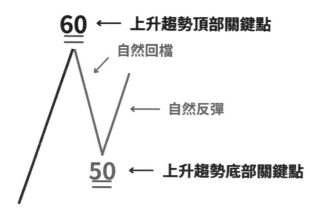

★之後出現了跌幅達 6 點以上，但沒有低於「自然回檔」欄內最後登入價位，應轉填「次級回檔」欄。直到價格低於「自然回檔」欄最後登入價位，才轉填「自然回檔」欄（見圖 4-6）。例如，一旦發生跌幅超過 6 點時，但沒有低於「自然回檔」欄最後記錄的股價 50 元，則改為記錄到「次級回檔」欄。你可以把它想像成波浪理論裡大波浪中的小波浪。

同樣的，若之後再發生反彈，且沒高於之前的「自然反彈」欄最後記錄的股價 58 元，則改為記錄到「次級反彈」欄。這是李佛摩為了描述擺盪行情的情況，其實並不重要，重要的是下面這點規則。

圖 4-6

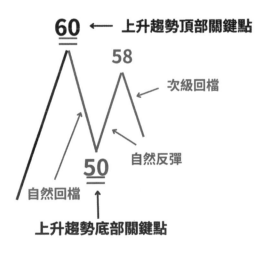

圖 4-7

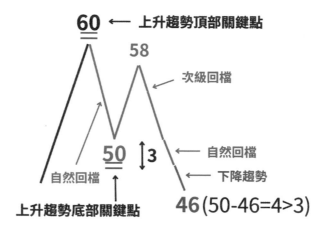

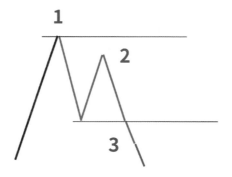

★某天在「自然回檔」欄，出現股價低於「上升趨勢底部關鍵點」3點以上的跌幅，應改用紅筆填入「下降趨勢」欄—即代表賣出訊號（見圖 4-7）。例如，一旦股價跌破「上升趨勢底部關鍵點」50元，來到46元時，已經超過3點的跌幅，則改用紅筆記錄到「下降趨勢」欄。為什麼要多等3點，可能是李佛摩的過往經驗，在上升趨勢軌道中容易發生假跌破，所以保守起見多等了3點。

各位有沒有發現到，這是上一節介紹的趨勢反轉的「1-2-3準則」，李佛摩認為這代表趨勢反轉向下，是個「賣出」訊號。

圖 4-8

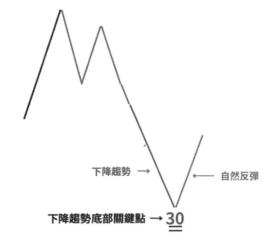

下降趨勢 → 　　← 自然反彈

下降趨勢底部關鍵點 → <u>30</u>

　　★當股價自「下降趨勢」欄發生漲幅達 6 點以上，轉填到「自然反彈」欄的那一天，用黑筆在「下降趨勢」欄最後數字下面劃線─即為「下降趨勢底部關鍵點」（見圖 4-8）。

　　例如，一旦發生漲幅超過 6 點時，原「下降趨勢」欄最後記錄的股價 30 元，用黑筆在下面劃線，而 30 元即代表「下降趨勢底部關鍵點」（這也是我自己命名的）。

　　★當股價自「自然反彈」欄跌幅達 6 點以上，轉填「自然回檔」欄的那一天，用黑筆在「自然反彈」欄最後數字下面劃線─即為「下降趨勢頂部關鍵點」（見圖 4-9）。

　　例如，一旦發生跌幅超過 6 點時，原「自然反彈」欄最後記錄的股價 40 元，用黑筆在下面劃線，而 40 元即代表「下降趨勢頂部關鍵點」（這也是我自己命名的）。

圖 4-9

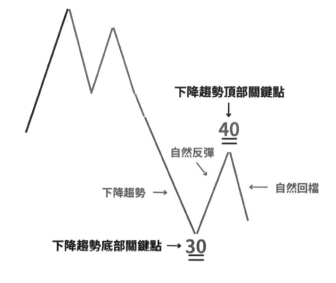

★之後出現了漲幅 6 點以上，但沒有高於「自然反彈」欄內最後登錄價位，應轉塡「次級反彈」欄。直到價格高於「自然反彈」欄最後登入價位，才轉塡「自然反彈」欄（見圖 4-10）。例如，一旦發生漲幅超過 6 點時，但沒有高於「自然反彈」欄最後記錄的股價 40 元，則改爲記錄到「次級反彈」欄。你可以把它想像成「波浪理論」（Wave Principle）裡，大波浪中的小波浪。

同樣的，若之後再發生回檔，且沒低於之前的「自然回檔」欄最後記錄的股價 32 元，則改爲記錄到「次級回檔」欄。這是李佛摩爲了描述擺盪行情的情況，其實並不重要，重要的是下面這點規則。

圖 4-10

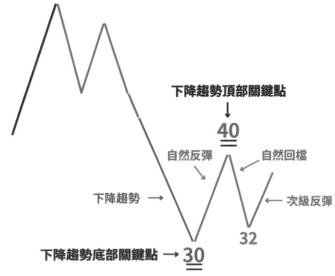

下降趨勢頂部關鍵點
↓
40

自然反彈　　　　　　自然回檔

下降趨勢 →　　　　　　　　← 次級反彈

32

下降趨勢底部關鍵點 → **30**

★某天在「自然反彈」欄，出現股價高於「下降趨勢頂部關鍵點」3 點以上的漲幅，應改用黑筆填入「上升趨勢」欄——即代表突破買進訊號（見圖 4-11）。例如，一旦股價突破「下降趨勢頂部關鍵點」40 元，來到 45 元時，已經超過 3 點的漲幅，則改用黑筆記錄到「上升趨勢」欄。為什麼要多等 3 點，可能是李佛摩的過往經驗，在下降趨勢軌道中容易發生假突破，所以保守起見多等了 3 點。

各位有沒有發現到，這也是上一節介紹的趨勢反轉的「1-2-3 準則」，李佛摩認為這代表趨勢反轉向上，是個「買進」訊號。

傑西・李佛摩在他 15 歲時，只利用價格記錄就發現了趨勢反轉的「1-2-3 準則」，只能說他真的是一位天才。由於他常利用這個「突破」訊號買進股票，而且只有他擁有這份關鍵點記錄，這也是他何以能在當時打敗眾多空中交易號子的主因。

圖 4-11

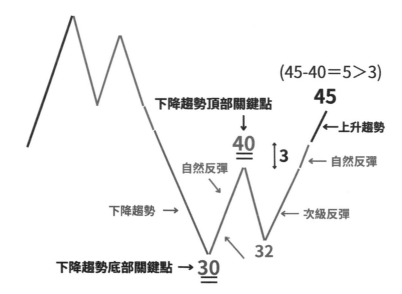

下降趨勢頂部關鍵點

(45-40＝5＞3)

45

→ **上升趨勢**

40

3

← 自然反彈

自然反彈

← 次級反彈

下降趨勢 →

32

下降趨勢底部關鍵點 → **30**

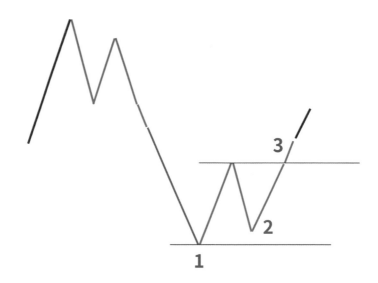

3

2

1

4.3

尋找最小抵抗線的走向

「股價型態會提醒你，每一個重要的走勢都不過是，再次重覆以往類似的價格變動而已。只要能熟悉過去的走勢，就能預測未來。並且採取正確的行動，就能自未來的走勢獲取豐盛的報酬。」

—傑西 · 李佛摩（Jesse Lauriston Livermore）

「關鍵點」代表過去股價遭到賣壓所形成的高點，由於心理學「定錨效應」（Anchoring Effect 或 focalism）的影響，若股價漲回到之前的高點，套牢的人會想解套，必定會湧現賣壓。所以當股價突破此關鍵點，意味著已經完全消化套在上方的股票籌碼供應。

而突破此關鍵點後的行為，李佛摩稱為「最小抵抗線」。在他的心中，成功投機客的首要任務是要找出個股最小抵抗線的走向，也就是順著風輕鬆揚帆，設法別讓風往你臉上吹。

傑西·李佛摩說：「我總是沿著最小抵抗線操作（跟隨趨勢），所以我在多數時間裡是和群眾一起行動的。每一次，我只秉持耐心等著市場來到我所謂的『關鍵點』才下手交易，我總是能賺到錢。」

「關鍵點」對於李佛摩來說是一段基本走勢的起始點，它代表趨勢的轉變，是買進或賣出的指標。雖然李佛摩的小冊子裡會記錄四個關鍵點，但他一般只會觀察兩個而已。例如，處於「上升趨勢」

時，當股價突破「上升趨勢頂部關鍵點」代表買進訊號，跌破「上升趨勢底部關鍵點」代表賣出訊號（見圖 4-12）：

圖 4-12

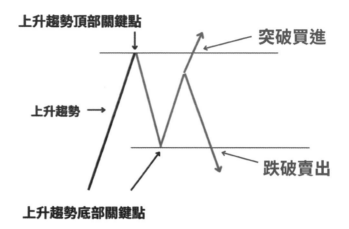

或者，當線圖處於「下降趨勢」，股價突破「下降趨勢頂部關鍵點」代表買進訊號，跌破「下降趨勢底部關鍵點」代表賣出訊號（見圖 4-13）：

圖 4-13

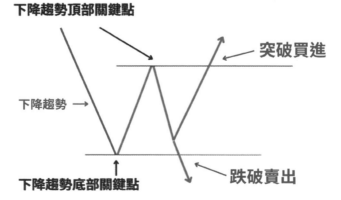

如同傑西‧李佛摩所說的：「有了這兩個關鍵點之後，這些記錄才能產生巨大的價值，協助你正確預測下一個重大走勢。我們在這些關鍵點下方劃上兩條直線（不管是用黑筆或紅筆劃線）就能期待引起你的注意。劃線的目的是讓這些關鍵點清楚地呈現在你眼前，每一次當所登錄的價位來到或接近它們時，你都應當密切予以觀察。」

傑西‧李佛摩曾表示，他的「關鍵點」規則是爲了中、低價位股票所設計，股價大約是 30 ～ 60 美元之間。若 60 跌 6 點，跌幅是 10%；若 30 跌 6 點，跌幅是 20%。所以，傑西‧李佛摩是利用每日跌幅 10 ～ 20% 來抓關鍵點。

但當時我想把李佛摩的關鍵點規則套用在台股時，卻發現了一個問題，那就是當時台股每日有漲跌幅 7% 的限制（現在已經放寬到 10%），所以無法適用該項規則。可能也是這個原因，雖然李佛摩的書已出版很久，但都沒有聽說有人把關鍵點規則運用在台股中。

於是，我開始尋找替代方案，看看是否可以改用另一種方法來找出「關鍵點」？而下一節，我將介紹自己找到的新方法。

4.4

技術分析之父約翰・馬基 – **股價趨勢判定法**

透過「支撐」與「壓力」的角度來觀察股市，估計走勢與發展潛力，並大膽預測走勢可能會在何處「遭遇麻煩」？進而判斷何時買進或賣出……。

—汪汪老師

　　我找到一本書，是由技術分析之父約翰・馬基（John Magee）和道式理論大師羅伯・愛德華（Robert D. Edwards）合著的《股價趨勢技術分析》（TECHNICAL ANALYSIS of STOCK TRENDS）。這本書於 1948 年出版發行，我認為他們所建議的方法，其背後的原理和傑西・李佛摩的觀點有些相似。

　　他們是藉由「支撐」與「壓力」的角度來觀察股票市場，並估計走勢發展潛能，以及預測走勢可能在何處「遭遇麻煩」，進而指引出如何買進或賣出股票。其定義如下：

　　★**支撐：實際或潛在的買進力量，數量上足以在相當期間內，阻止價格的下跌走勢。**

　　★**壓力：實際或潛在的賣出力量，數量上足以在相當期間內，阻止價格的上漲走勢。**

　　而我尋找「關鍵點」的替代方案，則是採用書中所提到的兩項

規則，分別是：

★**如果希望瞭解主要中期趨勢的支撐與壓力，日線圖並不足以提供分析上所需的宏觀架構。**我們經常過於強調最近所形成的小型趨勢，並因此而忽略中期趨勢的真正重要區域。為了取得宏觀的視野，週線圖比較適用。

★**判斷壓力勁道的另一個準則是後續跌勢的幅度。**如果價格下跌而低於當初的買進價位愈遠，投資者認為「自己當初的買進決策根本是個錯誤」的念頭也就會愈強烈。跌幅與賣壓之間的關係，我們不可能提出明確的法則或公式。可是，對於中低價位的股票，通常唯有當價格進入壓力水準的 10% 範圍內，才會出現顯著的賣壓。

第一步：如第一點所描述，為了找出中期趨勢的支撐與壓力，我們首先使用的是週線圖（見圖 4-14）：

圖 4-14

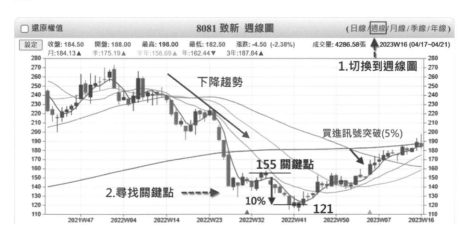

資料來源：截自 Goodinfo！台灣股市資訊網

第二步：如第二點，找出最近股價跌幅超過 10% 的高點，而那個高點即是「關鍵點」。如（圖 4-14）所示，致新（8081）最近的股價有從 155 元下跌到 121 元，其跌幅已經超過 10%，所以 155 元的價位即是「關鍵點」。

　　那麼 155 元這個「關鍵點」到底是「上升趨勢頂部關鍵點」還是「下降趨勢頂部關鍵點」呢？這時可以觀察其股價趨勢的走向，如圖示，因為股價趨勢呈現「下降趨勢」的走向，所以這個「關鍵點」是「下降趨勢頂部關鍵點」的機率較高。而李佛摩會等股價高於「下降趨勢頂部關鍵點」3 點以上，才會視為突破買進訊號，那我們該等股價高於多少呢？我決定是高於 5%，因為是 10% 的一半，剛好符合李佛摩的 3 點規則是 6 點的一半一樣。如（圖 4-14）所示，2023 年 2 月第一週，致新股價 165 元已高於「下降趨勢頂部關鍵點」155 元的 5% 以上（155 × 1.05 = 162.75），所以此突破即代表著買進訊號。

　　我們再來看看另一個範例（見圖 4-15）：

圖 4-15

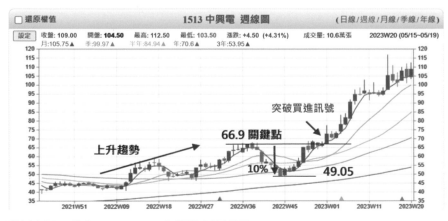

資料來源：截自 Goodinfo！台灣股市資訊網

中興電（1513）最近的股價有從 66.9 元下跌到 49.05 元，其跌幅已經超過 10%，所以 66.9 元的價位即是「關鍵點」。而因為股價趨勢呈現「上升趨勢」的走向，所以其「關鍵點」是「上升趨勢頂部關鍵點」的機率較高。

如上圖所示，2022 年 12 月第三週，中興電股價已高於「上升趨勢頂部關鍵點」66.9 元，所以此突破代表著買進訊號。

若你無法從過去的股價週線圖，明確的看出是「上升趨勢」或「下降趨勢」的走向，那也沒關係，就保守一點，假設它是「下降趨勢頂部關鍵點」，差別只在於突破時必須再多等待關鍵點價位的 5% 而已。

總結來說，我所提供的「尋找關鍵點」的替代方案，就是以下兩個重點：

★將個股關鍵點跳動的 6 點改成股價 10%，突破下降趨勢頂部關鍵點 3 點，改為股價 5%。

★從觀察「日線圖」改成「週線圖」。

但關於「關鍵點」的賣出訊號，我個人並沒採用，因為我賣出股票時，主要考量的是基本面，而不是技術面。目前我們已經完成了第三層思考（預測一般人心中的平均意見為何）。而下一節，我將說明如何使用「關鍵點」來幫助投資決策。

4.5

聰明資金早知道 – **關鍵時刻投資法**

「與其模糊的正確，也不要精確的錯誤。」

—約翰 · 梅納德 · 凱因斯（John Maynard Keynes）

「頻繁進出的渴望壓倒了常識與研判。記住一點：『知識』和『耐心』是在股市中獲得成功最重要的因素。我觀察那些沒有股市知識卻堅持玩股票的人，通常他們的下場是在很短的時間內就賠掉自己的錢。許多時候，我是抱著錢坐著耐心等，等待『完美的行情』自己出現，再像條響尾蛇那般地施展致命一擊。」

以上這段話出自傑西·李佛摩的著作《傑西·李佛摩股市操盤術》（How to Trade in Stocks : The Classic formula for Understanding Timing, Money Management, and Emotional Control）一書中，他在書中所闡述的內容，我個人也蠻認同的。例如，像是每次過完農曆新年後，常有讀者問我：「由於年報 3 月底才公佈，且新的年度第一季財報更要等到 5 月中才會發佈，那麼這段期間的空窗期，要如何選擇投資標的呢？」而我總是回答：「休息，等待第一季財報的公佈。」那我是在等什麼呢？等待，難到不會錯失股價上漲的機會嗎？這點我稍後會回答。

我先講一個小故事：記得有一次我在醫院等待照超音波時，坐在我旁邊的是一位大叔，他因為看到我再看基本分析的書，所以隨口提醒我說：「基本分析沒有用又浪費時間，因為財報可以作假，像我只用技術分析，分析幾條均線就可以賺錢了。」於是我向他請教：「技術分析也會騙線，那你怎麼處理騙線的問題呢？」但他則無語，沒回答我，然後就默默離開了。

東隆興（4401）和華寶（8078）在 2013 年的第一季，關鍵點分別發出了突破買進訊號。東隆興在發出突破買進訊號後，股價大幅上漲，若你在突破價位買進，投資報酬率已經超過 300%。但華寶在突破後，其股價卻不如預期。而東隆興突破後，趨勢能維持又猛又久的原因是基本面。因為它每月營收年增率大幅度的成長，且第二季（半年報）EPS 已超過前一年全年。而華寶每月營收年增率卻大幅衰退，且第二季還呈現虧損中（見表 4-1、表 4-2）：

表 4-1

東隆興			華寶		
年度	月份	營收年增率	年度	月份	營收年增率
2013	8	13.62%	2013	8	82.78%
2013	7	22.50%	2013	7	-3.96%
2013	6	38.32%	2013	6	-52.46%
2013	5	58.42%	2013	5	-69.57%
2013	4	54.52%	2013	4	-57.03%
2013	3	26.15%	2013	3	-71.44%
2013	2	6.79%	2013	2	-75.67%
2013	1	52.18%	2013	1	-54.19%

資料來源、製表：作者

表 4-2

東隆興		華寶	
年季度	每股盈餘（EPS）	年季度	每股盈餘（EPS）
2012 年全季度	2.35	2012 年全季度	1.93
2013 年第一季	1.10	2013 年第一季	-0.29
2013 年半年度	2.43	2013 年半年度	-0.60

資料來源、製表：作者

如同傑西·李佛摩所說：「企業獲利潛力會驅策股票走勢，而不是像希望和貪婪這種情緒。在最終的分析結果中，只有企業獲利能力，真實與幻想的都行，才能左右股價。」

這也是為什麼我在前面說，我會等待第 1 季財報公佈的原因。因為唯有基本面獲利強勁，其突破才是可靠的。接下來，就要介紹我的關鍵時刻投資法如下：例如智邦 2017 年第一季，EPS 為 1.19 元，比起去年同期 0.74 元，大幅成長。而之後技術面也出現關鍵點突破買進訊號（見圖 4-16）：

圖 4-16

資料來源：截自 Goodinfo！台灣股市資訊網

從智邦（2345）的週線圖可知，股價從 72 元下跌到 64 元，其跌幅已經超過 10%，所以 72 元的價位即是「關鍵點」，而 2017 年 6 月第三週，股價正式突破關鍵點，即是買進股票的「關鍵時刻」。

當時智邦我買在 66.4 元的價位，因為我有預感它將會突破，所以我提早買了。但較保守的操作方法，應該要等技術面發生突破後會比較保險些。後來，智邦 2017 年第三季，EPS 為 3.56 元，已超過 2016 年全年的 3.51 元（見表 4-3）：

表 4-3

智邦（2345）			
年度	第一季 EPS	第二季（半年報）EPS	第三季 EPS	全年 EPS
2016 年	0.74	1.64	2.53	3.51
2017 年	1.19	2.36	3.56	

資料來源、製表：作者

其突破之後的股價走勢圖（見圖 4-17）：

圖 4-17

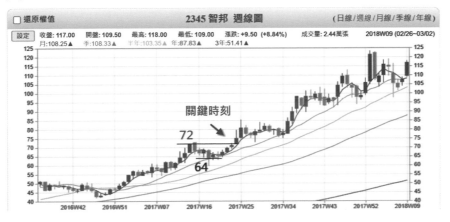

資料來源：截自 Goodinfo！台灣股市資訊網

所謂「路遙知馬力，日久見人心」，而馬力指的就是該企業的「成長力」。站在機會成本的考量下，每當發生突破點時，理應挑選基本面最強的個股進行投資。雖然有時突破會發生在基本面之前（聰明資金早知道），但這有什麼關係，只要你後來能知道，它是因為強勁的基本面而產生所謂的「突破買進」訊號，你不過只是買得稍嫌晚了一點而已，一切並無礙。

基本分析 VS. 技術分析

　　目前看到這裡，或許有些讀者會有疑問，我在股票投資上，到底是基本分析派或是技術分析派？

　　《時空行者 史蒂芬・霍金》（Stephen Hawking：A Memoir of Friendship and Physics）這本書有提到一個觀點，他認為由於目前物理學界，一直沒有找到可以統合所有物理的萬有理論，所以霍金可以同時接受兩個不同的理論，就像廣義相對論與量子理論那樣，在這兩個理論之間跳躍游移。同樣的，在股票投資上，目前也並沒有哪一種分析技巧，具有神般的完美視角。所以我也會在基本分析和技術分析之間跳躍游移。例如我常被問到的一個問題就是：「汪汪老師是如何預估今年的 EPS ？」

　　原因是有許多讀者（我也一樣）想要提早一點準確的預估，成長股的「合理成長價」。如下範例：

　　崇越（5434）2015 年，每股盈餘 5.89 元，2016 年第一季每股盈餘為 1.76 元。計算如下：

★預估每股盈餘＝ 7.04 元（粗估法：$1.76 \times 4 = 7.04$）

★預估盈餘成長率＝（$7.04 - 5.89$）$\div 5.89 = 19.52\%$

★合理成長價＝ $19.52 \times 5.89 \times 0.66 = 75.9$ 元

這時你會因為採用粗估法就跟著買進嗎？我想大部人應該都不會才對，畢竟資訊不夠精確。

但是 2016 年 5 月最後一週（第一季財報公佈後不久），崇越股價正式突破關鍵點 63.7 元，發出了突破買進訊號（見圖 4-18）。

圖 4-18

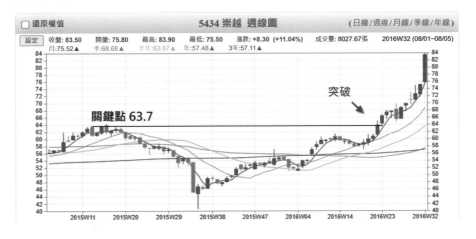

資料來源：截自 Goodinfo！台灣股市資訊網

這時你會考慮買進嗎？我建議是跟著買。因為這代表一件事情，我們基本面評估崇越的合理成長價為 75.9 元，雖然不一定是精確的（可能更高，例如 80 或是低一點，例如 70）。但沒關係，因為評

估的方向得到技術面的確認，可能市場有些聰明的資金也看到這點，所以股價才會突破之前的關鍵點 63.7 元。

所以，若基本面的角度無法做到精確的預估時，這時不妨利用技術面的角度來看看：

★採用粗估法

★近期關鍵點發出了突破買進訊號

而這個水晶球，也是我要送給你的第三份寶物，是為了幫助各位，將前方的道路看得更清晰！最後，我以凱因斯所說的話來做個總結：「與其模糊的正確，也不要精確的錯誤。」

投資是一門藝術，不是科學。

第 **5** 章

高勝率的
投資策略

「我們的投資策略如同玩橋牌的策略一樣，就是要評估贏的機率。」

—查理・蒙格（Charles Thomas Munger）

每到農曆春節，家裡總會小賭一下，一般來說玩的是麻將，但如果三缺一，非要我上場的話，則會改玩象棋麻將。原因是我不會打麻將，但象棋麻將的規則比較簡單，我還可以玩一下……。

我以前總是認為賭博是投機、不好的事情，所以我本身對賭沒多大興趣，但現在的觀念已有重大改變，我會認真參與，但不是為了賭，而是為了練習估算機率。

如同巴菲特所說：「從決定要繼續跟的牌及決定不再跟下去的牌中，我們通常會產生許多針對『結果』的推論。從推論中可以估算出各種結果的發生機率，所以這是最好的智慧練習。」

查理‧蒙格也曾戲稱自己「理財成功」絕大部分必須歸因於「他投資在玩撲克牌和橋牌的時間。」

每次玩象棋麻將時，我總是羨慕三姐夫，因為他經常是贏錢的那一方，我猜他應該很會算牌，對評估機率很在行。回歸上述情境，某年的過年一切如同往常，我輸了一千多塊錢，我當然只能怪自己牌藝不精，但驚喜的是這次最後的贏家不是三姐夫，而是在上賭桌前已經快要喝醉的老爸……。

在投資的道路上，我也如同《綠野仙蹤》裡，十分渴望能有個頭腦的稻草人一般。而本章節中，我將為大家呈現自己追尋這種智慧的探索之旅。

5.1

股市梭哈的 16 張撲克牌局

「許多人盲目投資，但卻從未曾看清楚自己手中的牌。這就好像打撲克牌，如果你在玩了一陣子之後，還看不出這場牌局裡的傻瓜是誰，那麼你就是那位傻瓜。」

—華倫 · 巴菲特（Warren Edward Buffett）

《為什麼你玩橋牌會輸？》（Why You Lose at Bridge？）的作者賽門（S.J.Simon）說：「除了真正的專業玩家以外，很少有人花費心力將數學原理融入橋牌中。贏家通常不是靠非凡的牌技，而是靠敏銳的數學感觸。」

賽門所謂的敏銳的數學感觸，到底指的是什麼？其實，他指的是你對機率的推論，而當中所使用的數學原理，是源自於著名的「貝氏推論」（Bayesian inference）。

貝氏推論（Bayesian inference）

1701 年出生的托馬斯 · 貝葉斯（Thomas Bayes）提出一種數學程序，就是以先前的可能看法結合新的訊息後，進而產生出新的可行策略，並且同時改變所有可能結果的發生率。我舉一個在《巴菲特核心投資法》（The Warren Buffett Portfolio Mastering The Power of The Focus Investment Strategy）書中曾提過的例子：

假設你和朋友在賭擲骰子遊戲，若你擲出6點，就算你贏（機率是1／6）。那麼假設在你擲骰子之後，你的朋友偷偷看了一下，然後表示「這是個偶數。」那麼這時你贏的機率變成多少？

根據這個新資訊，給出的答案是1／3，即33%（見圖5-1）：

圖 5-1

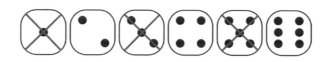

正當你考慮是否收手不賭時，朋友嘲弄地又補上一句「不是4」，那麼你獲勝的機率又變成多少？

若加上這個新資訊，你賭贏的機率又增加了。答案是1／2，即50%（見圖5-2）：

圖 5-2

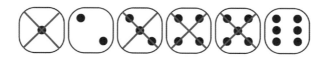

我們如何把「貝氏推論」運用到股市中？

彼得‧林區在《彼得林區：選股戰略》（One Up on Wall Street: How to Use What You Already Know to Make Money in the Market）這本書中說過：「股市就像7張的梭哈牌戲，有4張牌會亮出來，你

不但知道自己的牌，也能看到對手的牌，等到第三或第四張牌亮出來之後，**顯然誰會贏誰會輸**，或者大概沒有輸贏等等態勢便都明朗化了。在華爾街也是如此，有許多資訊都是公開的，你只要知道到哪裡找就行了。」

我稍微解釋一下 7 張梭哈牌戲的玩法：每位玩家總共會拿到 7 張牌，然後從中選取 5 張，組成一副最佳牌組。當中牌組的規則是：同花順 > 鐵支 > 葫蘆 > 同花 > 順子 > 三條 > 兩對 > 一對 > 散牌。

所以，隨著第三或第四張牌亮出來之後，透過機率的推論，你大概就知道誰會贏，誰會輸了。

接下來，我也要教大家玩一個 16 張的梭哈牌戲，我稱之為「股市梭哈的 16 張撲克牌局」，我的玩法是：莊家的名子叫 Mr.Market（市場先生），他每年會在固定的時間發牌，玩家只要看準那位股票的底牌比較好，那就押注它。

Mr.Market 每年都會發出 16 張牌，括號內則是代表發牌日期，按時間先後順序，如下：

★ 1 月營收年增率（2 月 10 日）

★ 2 月營收年增率（3 月 10 日）

★ 3 月營收年增率（4 月 10 日）

★ 4 月營收年增率（5 月 10 日）

★第一季 EPS（5 月 15 日）

★ 5 月營收年增率（6 月 10 日）

★ 6 月營收年增率（7 月 10 日）

★ 7 月營收年增率（8 月 10 日）

★第二季 EPS（8 月 14 日）

★ 8 月營收年增率（9 月 10 日）

★ 9 月營收年增率（10 月 10 日）

★ 10 月營收年增率（11 月 10 日）

★第三季 EPS（11 月 14 日）

★ 11 月營收年增率（12 月 10 日）

★ 12 月營收年增率（1 月 10 日）

★和最後的年報（3 月 31 日）

如何分辨好牌與壞牌呢？

★**營收年增率：指和去年同期相比，若這個數據大幅成長，代表的就是一張好牌。**

★**每季的 EPS：必須跟去年同期相比，若一樣是大幅成長，這也代表是一張好牌。**

例如 2018 年 5 月中旬，我發現豐達科（3004）已經發出了 5 張不錯的好牌（見圖 5-3）：

圖 5-3

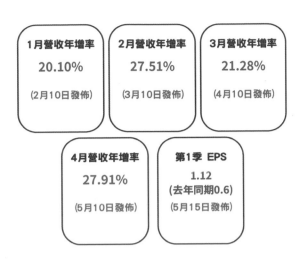

| 1月營收年增率
20.10%
（2月10日發佈） | 2月營收年增率
27.51%
（3月10日發佈） | 3月營收年增率
21.28%
（4月10日發佈） |

| 4月營收年增率
27.91%
（5月10日發佈） | 第1季 EPS
1.12
（去年同期0.6）
（5月15日發佈） |

　　不論前 4 個月的營收和第一季的 EPS，都和去年同期相比大幅成長，於是我當時就決定下注，以 55.5 元的價格買進。只是後來很倒楣地遇到中美貿易大戰，股價反而下跌到 51.9 元。

　　但彼得‧林區曾說：「你永遠無法確知會發生什麼事，只要牌面是能增加勝算的東西，你就該緊握不放。」所以我並沒執行停損，因為後來豐達科（3004）發出的牌都非常好，我還是決定握住不賣，細節如下（見圖 5-4）：

圖 5-4

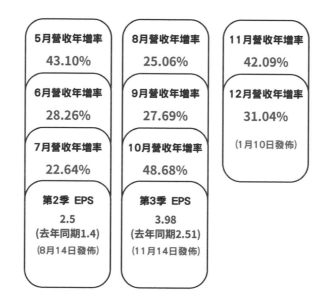

5月營收年增率 43.10%	8月營收年增率 25.06%	11月營收年增率 42.09%
6月營收年增率 28.26%	9月營收年增率 27.69%	12月營收年增率 31.04% (1月10日發佈)
7月營收年增率 22.64%	10月營收年增率 48.68%	
第2季 EPS 2.5 (去年同期1.4) (8月14日發佈)	第3季 EPS 3.98 (去年同期2.51) (11月14日發佈)	

後來，豐達科股價又漲上來了，所以可見我當時決定不賣的策略是正確的（見圖 5-5）：

圖 5-5

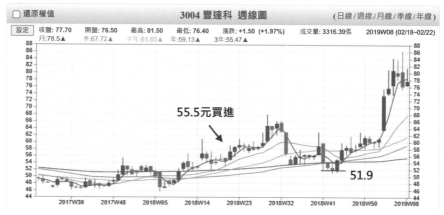

資料來源：截自 Goodinfo！台灣股市資訊網

現在，我們必須思考的另一個問題是「賠率」，就是當跟注的金額（股價）很高時，你還會願意下注嗎？

這個問題就像是賭賽馬時，雖然你賭最熱門的馬贏了，但熱門的馬賠率最低，可能最後扣掉賭場的抽成，你還是沒賺頭。所以，每當我發現某支股票已發出不錯的好牌，但本益比太高時，我往往傾向不下注。例如 2018 年 5 月中旬的博智（8155），其細節如下（見圖 5-6）：

圖 5-6

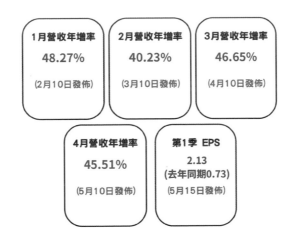

雖然，博智這 5 張牌比之前的豐達科更好，但它的「前瞻本益比」已大於 16 倍。它的計算方式是股價除以預估的每股盈餘：

$142.5 ÷ （2.13 × 4） = 16.7$[1]

我不買進「前瞻本益比」過高的股票主要原因是：若之後發出的牌不如預期，其本益比很快會向下修正。例如，博智從 8 月開始

發出的牌都不太好，營收年增率開始出現衰退（見圖 5-7）：

圖 5-7

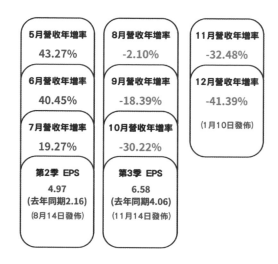

5月營收年增率 43.27%	8月營收年增率 -2.10%	11月營收年增率 -32.48%
6月營收年增率 40.45%	9月營收年增率 -18.39%	12月營收年增率 -41.39% (1月10日發佈)
7月營收年增率 19.27%	10月營收年增率 -30.22%	
第2季 EPS 4.97 (去年同期2.16) (8月14日發佈)	第3季 EPS 6.58 (去年同期4.06) (11月14日發佈)	

所以，投資人應該要注意哪些個股持續發出好牌，且本益比不高的。而不是追逐那些財經媒體炒作下，股價已高的離譜的熱門股。如預期般，博智之後的股價就大幅度的下跌了（見圖 5-8）：

圖 5-8

資料來源：截自 Goodinfo！台灣股市資訊網

在《精準預測：如何從巨量雜訊中，看出重要的訊息？》
（The Signal and the Noise: Why So Many Predictions Fail—but Some
Don't）這本書中有提到：「在撲克牌中，只要學會最糟的牌就蓋牌，
最好的牌就下注，花點心思想想你的對手拿什麼牌，這樣就能大量
減少輸牌。如果你願意這樣做，那麼或許有 80% 的機會，你做的決
定會跟頂尖撲克玩家一樣。」

所以，每當最新財報公布時，你都要緊盯著莊家發出的每一張
牌，投資者應該要看看哪些股票發出了好牌且本益比不高，那麼你
下注贏的機率就會大大的提升。只要你多花時間潛心研究公司基本
面的變化，而非股價的變化，自然而然就能掌握投資的勝算。

相反的，如巴菲特所說：「許多人盲目投資，但卻從未曾看清
楚自己手中的牌。這就好像打撲克牌，如果你在玩了一陣子之後，
還看不出這場牌局裡的傻瓜是誰，那麼你就是那位傻瓜。」

---

1. 當時「預估盈餘」是以第一季 EPS 2.13 × 4 來計算。

5.2

「心智表徵」的投資準則—
紅寶石鞋、蜂蠟翅膀和水晶球，三管齊下

「在任何領域中，技能和心智表徵之間都是良性循環，技能越高
超，心智表徵越成熟；心智表徵發展得越完善，就能以更有效的
練習方式精進技能。」

—安德斯・艾瑞克森（Anders Ericsson）

傳統上專業投資人對於機率的評估，並不是像在學校所學的擲硬幣時會出現的機率那樣—正面出現的機率會接近 1 / 2。它是根據擲硬幣的行為被重複無數次時，所歸納的結果。但投資時，因為通常是單一事件，很少重覆發生，所以無法基於頻數的概率來判斷，只能依靠投資者的「主觀概率」。用白話來說，就是**從直覺（感覺）來判斷**。

在《哥倫比亞商學院必修投資課》（Pitch the Perfect Investment：The Essential Guide to Winning on Wall Street）這本書中有提到：「投資人是透過觀察取得的資訊，然後運用某種特定領域的知識模型，來處理相關資料取得估值，並且根據估值採取行動。」

它是透過一種心智模型，是由特定領域的知識所塑造。這些知識也就是經理人過去遭逢的經驗與事實的累積總和。為了進一步說明心智模型是什麼？我舉圍棋界當作例子，圍棋界稱它為「心智表徵」。在《刻意練習：原創者全面解析，比天賦更關鍵的學習法》

（Peak：Secrets from the New Science of Expertise）

這本書中的解釋如下：

1970 年代初期，有學者試著了解西洋棋大師究竟是如何精準記下各個棋局？像是棋賽中棋盤剩十幾、二十幾個棋子的棋局，大師研究 5 秒後就能記下約 2 / 3 的棋子位置，新手大概只能記下 4 個。

但是，棋盤上的棋子若是隨意亂放，大師就記得的沒有比新手多。所以西洋棋大師並未發展出驚人的記憶力，來記住棋盤上每個棋子的位置，而是依靠正常棋賽中會出現的種種模式。

學者研究後發現，經過多年的練習，棋士的確有可能一眼認出棋子的分布模式，不只是棋子的位置，還有棋子之間的互動。學者把這一個個的模式稱為「模式塊」，而「心智表徵」，就是代表看出此「模式」的能力。

所以，在任何領域中，技能和心智表徵之間都是良性循環，技能越高超，心智表徵越成熟；心智表徵發展得越完善，就能以更有效的練習方式精進技能。

而接下來，就要介紹我投資股票上的「心智表徵」，這是我多年來使用我的資料時所發現的，因為這種「模式」賺錢的機率很高，所以會被我注意，其背後依據的理論則是：

因為股價底部是由重視「價值」的人所創造，而頭部則是由重視「成長」的人所形成。所以投資人應該思考價值型投資人，可能在什麼價格水準買進一檔股票，以及成長型投資人會在什麼水準開

始賣出，並進一步看看目前股價所處的位置，還有沒有介入的空間（見圖 5-9）：

圖 5-9

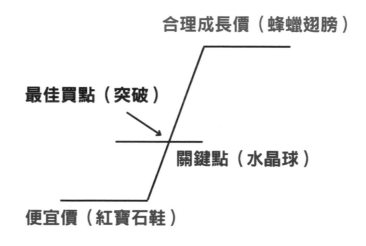

其「模式」為：利用現金殖利率法計算的「便宜價」為底部；使用本益成長比計算的「合理成長價」為頭部；再尋找近期的「關鍵點」有無發出突破的買進訊號。

這時我送給各位的三份寶物全都用上了，而「最佳買點」最好愈靠近底部「便宜價」愈好，表示風險低、報酬高；若太靠近頭部「合理成長價」則不好，表示價差的空間小，風險較高一些。

如下面這個例子，豐達科（見圖 5-10）：

圖 5-10

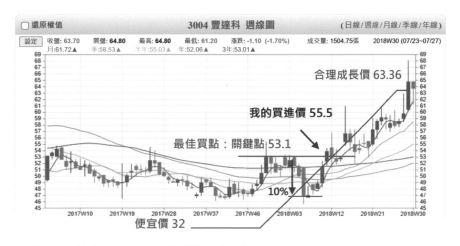

資料來源：截自 Goodinfo！台灣股市資訊網

★底部：因爲當年配發現金股利 2 元，所以「便宜價」爲 2 ×
16 ＝ 32 元。

★頭部：利用第一季的 EPS（採用粗估法）計算出的「合理成
長價」爲 63.36 元。

★關鍵點：從週線圖中得知，近期股價從 53.1 元，下跌到 47.8
元，已符合 10% 的規則，即爲「關鍵點」。而「最佳買點」則是當
股價突破此「關鍵點」時。所以，當股價突破「關鍵點」53.1 元時，
我也跟著買進，我買進的價位爲 55.5 元。之後如預期般的，股價就
一直上漲到「合理成長價」。

這個「模式」背後的原理也不難理解，因爲有很高的「合理成
長價」，會吸引基本面分析者的買進，再加上關鍵價位被突破（表

示有聰明資金的認同），這也會吸引技術面分析者的買進。所以，在我的投資課堂上，我常常告訴學員，每當季報公佈時，趕快尋找有哪些股票符合這種「模式」。而高手比初學者強在哪裡呢？就是有無「心智表徵」，即贏家勤於找「模式」，而輸家勤於找「明牌」。

但是，因為最近幾年金融市場黑天鵝不斷（中美貿易大戰、新冠疫情、美國聯準會連續升息……），所以這種模式暫時失靈了。但沒關係，若之後外力的干擾因素（黑天鵝）沒有了，這種模式可能又會再度有效起來。

5.3

與彼得‧林區的傳奇相遇—
「廣框式」投資策略

「整體比各部分之總和，更為強大。」

—亞里斯多德

有一位讀者寫信問我，為什麼我買的股票總是眼光獨到，而他原先看好的，最後都不如預期？到底是什麼原因讓我的運氣特別好？這也是接下來我要介紹的一種，我稱它為「招來好運」的投資策略。

首先，為了理解背後的原理，我們先來看探討個很有意思的問題，在《快思慢想》（Thinking, Fast and Slow）這本書中有提到：

瑟勒各別向 25 位經理人提出同一個問題：「假如有同樣的機率，會輸掉很大一筆你們手上保管的資本，或贏得雙倍的錢，你們會冒這個風險嗎？」

結果沒有一個主管願意去冒險，於是，瑟勒轉問公司的執行長，向他提出同樣的問題，而執行長竟毫不猶疑地回答：「我要他們全部都去接受這個風險」。

在那個談話的情境下，執行長很自然地採取「廣框」的策略，

就是把 25 個賭局通通含括進來，他相信統計的合計可以減少整體的風險。

這個問題帶給我們的啟示是，雖然「廣框」顯然優於「窄框」，一個理性的人當然會選擇「廣框」，但是人類的天性卻是「窄框」的。而這個問題是以風險的角度來看待，但若以運勢的角度，我會重新定義如下：

★窄框：是賭個別的好運
★廣框：是收集多個好運

這也是為什麼，每當有人問我：「汪汪老師，你可以推薦一本最好的書，或是今年最看好的一檔股票嗎？」總會讓我想起彼得‧林區的故事。

1986 年，彼得‧林區剛獲邀參加巴隆座談會，主持人亞柏森問他：「你能報一檔明牌嗎？」結果，彼得‧林區報了上百支明牌，第二年更推薦了 226 支股票。

後來，主持人只好改口問道：「也許該問你，不喜歡的是那些？」很顯然地，彼得‧林區是一位「廣框式」的投資人，只是主持人亞柏森並不了解這個特點。

彼得‧林區在著作《彼得林區：選股戰略》（One Up on Wall Street: How to Use What You Already Know to Make Money in the Market）書中強調：「只買一種股票並不安全，因為你即使做了功課，仍然可能眼看你挑的股票遭遇不測。如果你在找十壘安打，那麼你買的股票愈多，碰到十壘安打的機會便愈大。幾種潛力無窮的

快速成長股中，跑得最遠的股票是哪一種，其結果可能會完全出人意表。」

然而彼得·林區是一位基金經理人，一般投資人因為資金有限，很難按照他那樣子買進一籃子的好股票，所以彼得·林區有提了一個絕佳的建議，我稱之為**「5好股原則投資策略」**。好股是指你要特別挑過的，而不是隨便選，其策略如下：

★**尋找股價低於現金殖利率法的便宜價，且營收年增率大幅成長的股票。**

★**尋找股價低於本益成長比計算出的合理成長價，且關鍵點發出突破買進訊號的個股。**

★**全數買進。**

第一種股票是之前介紹過的，就是我的「價值投資的秘訣」，即是：尋找一隻「價值低估」且會「揮動翅膀」的鴨子。因為這是一種「低風險高報酬」的股票。

第二種股價也是之前介紹過的，就是我的**「心智表徵的投資準則」**，也是一種賺錢機率很高的股票。接著，你將找到這些股票全數買進（或者只精選 5 檔），當然其中可能會有看錯的股票，但這種「廣框式」的投資策略，可以大大減少你投資整體的風險。

就像是彼得·林區說的：「即使資金只有一點，也可利用『5股原則』。如果我有 5 個籃子—修尼、有限服飾、佩波男孩、塔克鐘和國際服務企業公司—我發誓，分散投資絕對是上策。如果其中某支上漲 10 倍，其它 4 支沒動，整個投資組合同樣還是漲了 3 倍。」

我一樣也是採取「廣框式」的投資策略，每年都儘量分散的買進多支股票，不會單壓一支。這樣的好處是，雖然有些個股我也會評估錯誤，但沒關係，我的整體部位總是賺錢的。所以並不是我運氣特別好，而是布蘭奇‧瑞基所說：「好運是設計的剩餘物。」

　　就像我常在課堂上問學員的一個問題：「在賭場裡哪個賭客最好運？」答案是賭場的老闆，因為他設計了賭場讓賭客來這裡賭博。其實，當投資者買進指數股票型基金（ETF），這也是採取一種「廣框式」的投資策略，因為等同於一次買進多檔個股。

　　最後，我以二千多年之前的哲學家亞里斯多德曾經說過的一句話來總結：「整體比各部分之總和更為強大。」

第**6**章

機會 VS. 命運

我記得弟弟的大兒子與小女兒在讀小學時，剛好處在愛玩益智遊戲的年紀。特別在農曆春節，小侄子常常會跑過來跟我說：「阿伯（台語），可不可跟我玩大富翁？」

尤其是在春節的那幾天，讓我終於體會到尼采所說的「永恆輪迴」，因為我跟小侄子、小侄女玩了無數次的大富翁，忽然間，我有了一種頓悟，甚至還跟投資有關⋯⋯。

我發現，雖然我在智識上懂得比他們倆個小傢伙多，但在大富翁「永恆輪迴」的世界裡，卻並非總是我贏，有時是小侄子贏，甚至是一直在亂玩的小侄女，也會贏。

主要的原因大家都知道，因為在大富翁的遊戲世界中，有機會牌和命運牌，而且每次走到的地方都由擲骰子決定，所以聰明才智不是絕對因素，機運的好壞其實占了很大一部分的關鍵。

其實，這跟現實世界的金融市場非常相似，例如非常有名的兩位諾貝爾獎得主，因為提出計算選擇權價值的公式的麥倫・舒爾茲（Myron Scholes），以及發明資產定價模型的勞勃・科克斯・默頓（Robert Cox Merton），兩人在 1993 年聯手成立了「長期資本管理公司」（Long-Term Capital Management L.P，LTCM）。

這家避險基金在成立之初即創下傲人佳績，分別在 1995 年和 1996 年的年度報酬率上都做到超過 4 成以上的表現，我想在不久的將來，他們應該有極大的機率會打敗巴菲特，可是你們猜，結果如何？

好景不常，LTCM 在 1998 年發生亞洲金融風暴時，宣布破產了！

所以我的體悟是：**金融市場中有非常高的不確定性，而且經常是不到最後，不見真章**。就跟賽車比賽一樣，一時求快，卻在中途撞車（破產），這應該不是我們所樂見的，**能夠安全地抵達終點，才是我們的第一要務**。

6.1

龜兔賽跑：投資者 VS. 投機客

「人人都想要賺錢快，但錢不是這麼賺來的。如同龜兔賽跑的道理，最後一定是烏龜獲勝。」

—華倫 · 巴菲特（Warren Edward Buffett）

　　某一天，因為兔子看不起烏龜一直慢吞吞的，於是相約來一場賽跑比賽，烏龜也不服輸的答應了。在一聲起跑槍響後，非常有活力的兔子，一溜煙的就衝了出去，馬上不見人影，而烏龜還是慢慢的一步一步地往前爬。

　　來到比賽的中段，兔子想說烏龜爬得那麼慢，不妨先休息一下，於是不知不覺的就睡著了，等兔子一覺醒來後，看見太陽都要下山，才發現自己睡過頭，但為時已晚，烏龜已經抵達了終點。

　　我會寫這則《伊索寓言》中〈龜兔賽跑〉的故事，主要的原因是巴菲特曾說過：「人人都想要賺錢快，錢不是這麼賺的。還是龜兔賽跑的道理，最後一定是烏龜勝利。」這時你心中一定會有疑問，龜兔賽跑和投資到底有何關係？接下來，我將舉一個例子為大家說明：

　　投資者的角色大概有兩種類型，一是玩短線買低賣高的投機客，

如傑西・李佛摩；另一種是就是長期投資者，如華倫・巴菲特。而以下這兩種類型的角色，你想扮演哪一種？

★投機客：以擲骰子來決定報酬率，擲出 6 點，獲利 40%；擲出 5 點，獲利 20%；擲出 4、3、2 點，則小賺獲利 5%，但若擲出 1 點，則損失 50% 的資金。

★投資者：因為長期持有指數型基金（或優質的投資組合），所以每年報酬率是以長期報酬率 8% 來估算。

我想大部分人應該會想選擇扮演投機客，因為從機率分配上，看來似乎不錯，有放手一搏的機會。但為了保守起見，我們來計算一下，投機客擲骰子的數學期望值：

$$(-0.5〔1〕+ 0.05〔2〕+ 0.05〔3〕+ 0.05〔4〕+ 0.2〔5〕+ 0.4〔6〕) / 6 = 0.04167$$

因為期望值為正數，表示投擲次數愈多，機率愈是站在投機客這邊。而每次投擲骰子的預期報酬率為 4.16%（以平均手氣而言），也並不算差。於是你開始你的投機客生涯，前五次投擲出的骰子為 5、6、5、1、6（代表前 5 年的投資報酬率），雖然只失手一次，但看起來還算不錯（見圖 6-1）：

圖 6-1

20%　40%　20%　-50%　40%

這時你心中先預想一下，這樣的報酬率，能贏過投資者多少呢？假如投機客和投資者，他們的原始資金都是 100 萬元，我們來看看 5 年後的獲利如何（見表 6-1）：

表 6-1

角色	原始	第一年	第二年	第三年	第四年	第五年	結果
兔子	100 萬	20%	40%	20%	-50%	40%	141.12 萬
烏龜	100 萬	8%	8%	8%	8%	8%	146.93 萬

資料來源、製表：作者

結果讓你大吃一驚，因為你的資金雖然成長到 141 萬元，但竟然跑輸給烏龜的投資者 146 萬元。於是你不甘心，想說下次一定能板的回來，於是你再次投擲出的骰子為 3、6、1、5、4，這代表再過 5 年的投資報酬率（見圖 6-2）：

圖 6-2

5%　40%　-50%　20%　5%

接著，我再來看看獲利比較過後的結果（見表 6-2）：

表 6-2

角色	原始	第六年	第七年	第八年	第九年	第十年	結果
兔子	141.12 萬	5%	40%	-50%	20%	5%	130.69 萬
烏龜	146.93 萬	8%	8%	8%	8%	8%	215.89 萬

資料來源、製表：作者

看到結果，你這時更加洩氣了……，因為你的資金不增反減，變成為 130 萬元，你就像是不過打了一個小盹的兔子一樣，不同的是這一覺睡了有 5 年之久。這時，烏龜的投資者已遙遙領先來到 215 萬元。這時你還是會懷疑，自己的人生不該是這樣，未來總有一天你會成功的……。

美國物理學家理察‧菲利普斯‧費曼（Richard Phillips Feynman）曾提出「多重歷史」的觀點，他認為宇宙就像粒子一樣，不會只擁有一個歷史，而是每個歷史都有自己的可能性，而身為投機客的你也一樣（見圖 6-3）。

圖 6-3

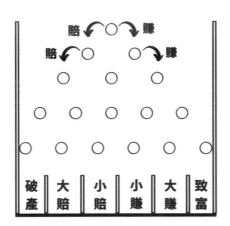

在你未來的「多重歷史」中，從左至右為：破產、大賠、小賠、小賺、大賺、致富，各種路徑皆可能發生，只是會由機運決定。所以，當個投機客的你，最終當然有可能會贏過烏龜（好運的話）。

美國史上最偉大的投機客傑西‧李佛摩，年輕時期曾賺進數都數不完的錢，但他最後抵達的目的地竟是：因為歷經四度的破產，加上患有深度抑鬱症，讓他在 1940 年 11 月，於某家飯店裡的洗手

間，舉槍自殺（我看「維基百科」是這麼描述的……）。

就我個人認為，若你只是玩玩短線投機，一時的輸贏，不代表最後肯定會贏錢。例如就像你在賭場裡一直贏，即使贏了上千萬，但那時的錢還不是你的，只是賭場把錢暫放在你這裡，除非你馬上離開賭場，並且確定之後不再踏進那家賭場，否則那筆錢最後是不是你的，還很難說……。

所以，每當在報章雜誌上看到某人在股市裡投機賺到很多錢，都會讓我想到傑西·李佛摩。如同最近一、兩年，有許多散戶看到別人玩當沖賺大錢，於是也跑去學當沖，但他們並沒有那個好運氣，結果只是提早出局。

雖然人類無法對抗機運，但人類懂得學習如何生存。由於我不想當個投機客，讓機運決定自己的未來，所以我把目光轉向另一位投資者華倫·巴菲特。

那他是怎麼做的呢？

巴菲特曾經說過：「蒙格—波克夏的副董事長—和我本人，只有兩個工作……一個是吸引並留住傑出經理人來經營我們的各項事業；另一個是資產配置。」雖然我們都認為巴菲特奉行「長期投資」的經營者，但我認為更精確一點的說法應該是「長期的資產配置者」才對。

那什麼是資產配置呢？

資產配置原理其實很簡單，就是「**你會把錢放在哪裡？**」而途

徑可能有以下幾種，例如：

★藏在床底下
★換成金條
★存在銀行
★買房子
★買股票

　　因爲巴菲特主要的資產都放在股票配置上，所以我們來看看資產長期放在股票會有哪些優點？例如，我在 2017 年買進牧德（3563），當存股到了第六年時，我的成本已變成負數，還倒賺 11.4 元！如下表（見表 6-3）：

表 6-3

2017 年買進牧德（成本 63.8 元）			
存股期間	年度	現金股利（元）	成本變化（元）
第一年	2017	4.2	59.6
第二年	2018	10.0	49.6
第三年	2019	27.0	22.6
第四年	2020	10.0	12.6
第五年	2021	12.0	0.6
第六年	2022	12.0	-11.4
第七年	2023	10.0	

資料來源、製表：作者

　　因爲股票每年會配股利給你，所以你持有的成本會逐年下降，只要那間公司沒倒閉，**繼續配發股利給你**，長期下來你幾乎不會破

產，只是賺多賺少的問題。

以我投資的牧德為例，不但本金已全部回收，今年（2023年）還可收到 10 元的股利，另外牧德的股價為 224.5 元（更新至 2023.06.21），也是市場免費贈送給我的紅利。

這就是長期投資者的優勢所在。

若你更進一步來看，利用市場上發生的黑天鵝事件，以更低的價格（打折）買進，那你還本的年限將可以再縮短。這也是為什麼巴菲特總是在市場發生恐慌時，逢低買進股票的原因。

那長期投資者，應該關注什麼呢？

巴菲特是這麼說的：「如果你是投資者，你會觀察資產要做什麼；如果你是投機客，一般都專注在標的物的價格走勢，那不是我們的玩法。」所以，各位有沒有注意到，傑西·李佛摩因為是一位投機者，所以他專注的是價格走勢。若你想像巴菲特一樣當個長期資產配置者，那麼你就要懂得去觀察公司的基本面和未來展望，根本不用每日盯盤。

投資股票很像跑一場人生馬拉松，每當我在財經媒體上看到投機客口沫橫飛地吹牛，後來卻因為一時不慎翻車，進而紛紛寫下畢業文章時，就會讓我不禁聯想到〈龜兔賽跑〉的故事。

6.2

打瞌睡也能賺錢的投資方式

「我從 11 歲開始就在作資金配置這個工作，一直到現在都是如此。」

—華倫 · 巴菲特（Warren Edward Buffett）

開始前先問各位一個問題：您大概會配置多少的資金在股票上？

這也是讀者們經常會寫信問我的問題，而我總是回答：「約 8～9 成」，他們知道後大多數的反應都是嚇一大跳，反問我將那麼多資金放在股票上，風險會不會太高？晚上難道不會失眠？

其實，許多學術研究報告已指出，「資產配置」是長期投資當中，很重要的成功因素。只是大部分的散戶投資人習慣從事短期投機，所以並不瞭解資產配置的威力。

緊接著容我舉一個例子來說明：

大雄和小明各自在 30 歲時存了 80 萬元，其資產配置策略是：大雄股票配置 20 萬元，現金配置 60 萬元，股票、現金比是 1：3，也就是把資金的 25% 配置在股票上，這也是一般人會配置的比例。那小明呢？他把 80 萬元都配置在股票上，所以他配置股票的比率是百分之百（見表 6-4）。

這時我想再問各位一個問題：請問誰的投資風險比較高？

表 6-4

資產配置	股票	現金
大雄 30 歲	$200,000	$600,000
小明 30 歲	$800,000	$0

資料來源、製表：作者

　　通常說來，大家多半都會認為小明的投資風險比較高，因為小明把全數的資金都配置在股票上。但若小明在民國 92 年，以 37.08 元的價位全數買進台灣 50（0050），共持有 21,574 股（約 21.5 張股票），待等到民國 106 年底，他總共可領到 550,137 元的股利（見表 6-5）：

表 6-5

年度	現金股利	股數	領取股利
92	0.00	21,574	$0
93	0.00	21,574	$0
94	1.85	21,574	$39,912
95	4.00	21,574	$86,296
96	2.50	21,574	$53,935
97	2.00	21,574	$43,148
98	1.00	21,574	$21,574
99	2.20	21,574	$47,463
100	1.95	21,574	$42,069
101	1.85	21,574	$39,912
102	1.35	21,574	$29,125
103	1.55	21,574	$33,440
104	2.00	21,574	$43,148
105	0.85	21,574	$18,338
106	2.40	21,574	$51,778
累計			$ 550,137

資料來源、製表：作者

若以 106 年（2017 年）最後一天的收盤價，82.15 元來計算，其市值為 1,772,304 元，再加上領取的股利總計為 2,322,441 元，扣掉原始資金 80 萬，小明的投資獲利總計是 1,522,441 元（見表6-6）：

表 6-6

資金配置	投資成果	獲利
$800,000	82.15 × 21,574 ＝ 1,772,304 ＋ 550,137 ＝ 2,322,441	$1,522,441

資料來源、製表：作者

現在請各位想想下一個問題，大雄如何活用 20 萬元（投資報酬率要多高），才能賺到跟小明一樣多的報酬？

答案其實很簡單，就是把獲利的金額除以 20 萬元：

1,522,441 ／ 200,000 ＝ 761%

也就是說，大雄的投資資金必須翻 7 倍多。那他要多努力才能達成呢？

在這 15 年期間，大雄每年的投資報酬率都要達 16% 以上。但這已經算是頂尖的經理人才會有的投資績效了。為什麼這是頂尖經理人的投資績效呢？因為巴菲特的長期投資報酬率也不過比 20% 多一點而已。

可見的是，大雄必需花費很多的時間在研究股票上。

那小明做了些什麼呢？

孰不知，小明什麼都沒做，我甚至用「光打個瞌睡就能賺進這

麼多錢」來形容他。就像巴菲特說的：「我們打瞌睡時賺得錢，比起醒著時多很多。」

這時我再次問各位一個問題：誰的風險高？誰真正賺到財務自由？

答案應該很清楚了，就是小明。因為他什麼都沒做，就賺進了這麼多的報酬，並且賺取到自由。

如同巴菲特曾對美國商學院的學生們所說的話：「大多數人應該購買低手續費的指數基金，長期定投。你是個普通人，還想耍點小聰明，每星期花 1 小時研究投資，最後你很可能後悔自己太傻。」

那是不是每個人都要像我一樣，把資金的 8～9 成都配置在股票上呢？那倒也不是。接著，我就介紹一個最佳的資金配置策略，我稱為「年齡資金配置法」，為什麼跟「年齡」有關呢？

在《決斷的演算：預測、分析與好決定的 11 堂邏輯課》（Algorithms to Live By：The Computer Science of Human Decisions）這本書中有提到一個「開發與善用」困境的問題：幼兒的極端對比是老人。從開發與善用困境的觀點來思考老化，也有助於深入了解，我們的生活將如何隨時間而改變。

傳統上對老人社會網絡縮小的解釋是，老化降低了生活品質，社會網絡縮小只是其中一環。不過心理學教授蘿拉・卡爾史丹森（Laura Carstensen）認為，老人的社會關係變少，這其實是他們自己選擇的。因為人類接近生命終結時，往往希望專注在最具意義的關係上，同時減少社會和情緒風險。

在實驗中，請參與者選擇最想和誰共度半小時？年紀較長的人偏好選擇家人，年輕人則喜歡交新朋友。但有個重大轉折是，如果請年輕人想像自己正要搬到美國另一端，則他們同樣偏好選擇家人。而隨時知道自己還剩下多少時間，正是電腦科學對解決開發與善用困境的建議。

所以，像我這樣把 8 ～ 9 成的資金配置在股票上的決策，並不適合較年長的投資人。因為較年長者餘生所剩不多，若配置太多股票卻慘遭熊市摧殘，或發生類似 2008 年金融大海嘯，這樣反而更得不償失。

最好是隨著「年齡」的增長，逐漸減少股票的比重配置。

如同在《你沒學到的巴菲特，股神默默在做的事》這本書中的建議（見表 6-7）：

表 6-7

年齡	資金配置比例（%）
40	股票 60、公債 40
45	股票 55、公債 45
50	股票 50、公債 50
55	股票 45、公債 55
60	股票 40、公債 60
65	股票 35、公債 65
70	股票 30、公債 70
75	股票 25、公債 75
80	股票 20、公債 80
85	股票 15、公債 85
90	股票 10、公債 90

資料來源、製表：作者

各位可以看到隨著年齡的增長，公債配置的比率應該拉高，如同 90 歲時的你，公債比率應該拉高到 90%，因為你再活也沒幾年，應該要好好生活才對，不要再想投資股票了，畢竟股票也是需要時間才能滾出複利。

　　最後我想提醒大家，這個公式不是死的，書中一再提醒投資者可依自己的風險承受能力來配置，例如在公債部分便可微調 10% 上下。若你自認還很年輕，那便應該考慮把資金多元配置在股票上，誠如巴菲特所說：「我從 11 歲開始就在作資金配置這個工作，一直到現在都是如此。」

6.3

「時間複利」的基本比率 –
你的長期投資報酬爲何欠佳？

「現在，在你的投資組合中，最優先要看的就是『透視盈餘成長率』，而不是價差，於是，很多事就開始不一樣。」

—羅伯特 · 海格斯壯（Robert G. Hagstrom）

　　大雄看到小明長期投資股票，獲得不錯的報酬，於是也想仿傚成爲一位長期投資者（存股者）。而大雄在投資之前，特地詢問了理財專家的建議，獲悉統一（1216）是一家好公司，於是他在 1994 年開始每年買進統一的股票，經過 10 年的時間，他開始想賣股求現（見表 6-8）：

　　現在，我們開始來算算大雄這 10 年的投資成果：

　　★計算 10 年來所投入的總成本：因爲大雄每年各買 1 張股票，10 年共 10 張，所以這 10 年來總共投入＝ 285.5 元（原始成本加總）× 1,000（股）=285,500 元

　　★計算 10 年後賣股求現：15,177（10 年累計股數）× 13.95 元（2003 年現值）＝ 211,723 元

　　★別忘了這 10 年來還領取了股利，總共爲 43,535 元

　　所以，這次投資成果爲：211,723（賣股求現）＋ 43,535（領取

股利）－285,500（原始成本）＝ -30,242（虧損）。

也就是說，若時光回到過去，大雄在 1994 年把錢拿去銀行定存，
10 年後的投資報酬，會比買統一還要好。為什麼統一是好公司，但
投資 10 年後反而虧損呢？

表 6-8

股利年度	原始成本（元）	現金股利（元）	股票股利（元）	領取股利	累積股數
1994 年	58	0	3	0	1,300
1995 年	32.9	0	2	0	2,760
1996 年	42.8	0	2	0	4,512
1997 年	38.9	0	2	0	6,614
1998 年	28.6	1	1	$7,614	8,376
1999 年	24.8	0.8	0.8	$7,501	10,126
2000 年	22	0.6	0.6	$6,676	11,793
2001 年	12.75	0.6	0.3	$7,676	13,177
2002 年	10.8	0.35	0	$4,962	14,177
2003 年	13.95	0.6	0	$9,106	15,177
加總	285.5			$43,535	

資料來源、製表：作者

在解釋原因之前，我們先來看一下，在《橡皮擦計畫：兩位天
才心理學家，一段改變世界的情誼》（THE UNDOING PROJECT A
FRIENDSHIP THAT CHANGED OUR MINDS）這本書有提到一個
「琳達問題」，如下：

琳達今年 31 歲，單身，說話坦率直接，個性開朗，主修哲學。

在學生時期，就非常關注歧視和社會正義，也參與反核遊行。請問，以下何種情形較有可能：

★琳達是銀行出納。

★琳達是銀行出納，平日積極參與婦女運動。

在接受測試的哥倫比亞大學學生，大部分都選「琳達是銀行出納，平日積極參與婦女運動」的可能性較高。但大部分學生都忽視一項「基本比率」的問題，就是「琳達是銀行出納，平日積極參與婦女運動」發生的機率，並不會高於「琳達是銀行出納」。

因為「琳達是銀行出納，平日積極參與婦女運動」是包含在「琳達是銀行出納」之中。心理學家丹尼爾‧康納曼（Daniel Kahneman）說：「當人們有該個案的特定訊息時，統計基率有時會整個被忽略。」這個情形也常發生在投資者身上，因為統一是生活投資學的食品龍頭股，完全符合存股條件，以致大雄也忽略了基本比率的問題。

這個基本比率指的是什麼？

我在此將它們稱為「時間複利的基本比率」，我們先來看下面這4家公司的例子（見表6-9）：

若觀察這4家公司的長期盈餘變化，可以很容易的分辨出：A級公司是盈餘成長股、B級公司是盈餘穩定股、C級公司是景氣循環股，而D級公司則是盈餘衰退股。

表 6-9

年度	A 級公司	股利	B 級公司	股利	C 級公司	股利	D 級公司	股利
2000	**1.00**	0.80	**3.00**	2.40	**3.00**	2.40	**6.19**	4.95
2001	**1.20**	0.96	**3.00**	2.40	**2.00**	1.60	**5.16**	4.13
2002	**1.44**	1.15	**3.00**	2.40	**1.00**	0.80	**4.30**	3.44
2003	**1.73**	1.38	**3.00**	2.40	**2.00**	1.60	**3.58**	2.86
2004	**2.07**	1.66	**3.00**	2.40	**3.00**	2.40	**2.99**	2.39
2005	**2.49**	1.99	**3.00**	2.40	**4.00**	3.20	**2.49**	1.99
2006	**2.99**	2.39	**3.00**	2.40	**3.00**	2.40	**2.07**	1.66
2007	**3.58**	2.86	**3.00**	2.40	**2.00**	1.60	**1.73**	1.38
2008	**4.30**	3.44	**3.00**	2.40	**1.00**	0.80	**1.44**	1.15
2009	**5.16**	4.13	**3.00**	2.40	**2.00**	1.60	**1.20**	0.96
2010	**6.19**	4.95	**3.00**	2.40	**3.00**	2.40	**1.00**	0.80
總計		25.72		26.40		20.80		25.72

資料來源、製表：作者

　　為了計算持有這 4 家公司的長期投資報酬，我們假設這四家公司的配息率都一樣（80%），同樣在 2000 年，各自以本益比 10 倍的價格買進，在 2010 年以 10 倍本益比的價格賣出。例如 A 級公司在 2000 年以 10 元（1 × 10）買進，在 2010 年以 61.9 元（6.19 × 10）賣出。

　　按照以上的方式，這 4 家公司 10 年後的投資報酬率（包含領到的股利），計算結果如下：

★ A 級公司：（〔61.9+25.72〕- 10）÷ 10 ＝ 776.2%

★ B 級公司：（〔30+26.4〕- 30）÷ 30 ＝ 88%

★ C 級公司：（〔30+20.8〕- 30）÷ 30 ＝ 69.33%

★ D 級公司：（〔10+25.72〕- 61.9）÷ 61.9 ＝ -42.29%（虧損）

　　從結果得知，若長期持有這四家公司，盈餘成長股勝出，其次是盈餘穩定股，接著是景氣循環股，而盈餘衰退股則會讓你虧錢。所以，這項結果帶給投資人的啟示是，若你想長期投資，儘量把資金配置在前兩種類型的公司，即盈餘成長股和盈餘穩定股。

　　如同在《巴菲特的勝券在握之道：在負利率時代，存錢不如存股的 4 大滾雪球投資法》（The Warren Buffett Way，+Website，3rd edition）這本書提到的：「公司的透視盈餘幾乎是以公司持有的有價證券的市價成長率在增加。但是，這兩個數值不一定總是同步成長。有時候，盈餘成長得比較快；但其他時候，股價又比盈餘成長得更快。重要的是要記住，時間愈久，兩者關聯愈大。」

　　所以「時間複利的基本比率」指的就是公司的透視盈餘。「盈餘成長股」有較高的基本比率，而最差的是「盈餘衰退股」。所以我們來看一下大雄投資統一那 10 年的盈餘記錄（見表 6-10）：

表 6-10

1994年	1995年	1996年	1997年	1998年	1999年	2000年	2001年	2002年	2003年
5.87	1.77	1.76	3.58	1.63	1.21	1.07	0.90	0.45	0.86

資料來源、製表：作者

　　記錄顯示，統一在那 10 年的表現，其實就是「盈餘衰退股」，其「時間複利的基本比率」是最差的，故而報酬率自然不會太好。

這也是爲什麼這些年，我總是買進「盈餘成長股」和「盈餘穩定股」的主要原因。若你發現你存股的長期投資報酬率也不好，可能是忽略了「基本比率」的問題，這時你可以檢查一下，你存的股票有多少是 A 級和 B 級公司？

最後，我以《巴菲特的勝券在握之道：在負利率時代，存錢不如存股的 4 大滾雪球投資法》（The Warren Buffett Way，+Website，3rd edition）作者羅伯特‧海格斯壯（Robert G. Hagstrom）說的一句話，來做個總結：「現在，在你的投資組合中，最優先要看的就是『透視盈餘成長率』，而不是價差，於是，很多事就開始不一樣。」

第 **7** 章

追尋聖杯—
打造小小波克夏

在投資的旅程上，許多投資者的終極目標，就是幻想著自己能跟中古世紀的亞瑟王與圓桌武士們一樣，身穿盔甲、手持寶劍，無論歷經多少險惡和歷經多少千辛萬苦，也要成功尋得聖杯。

聖杯（Holy Grail）是指耶穌受難前的逾越節晚餐上，用來盛裝紅葡萄酒的杯子，而那頓晚餐就是《聖經》中著名的「最後的晚餐」。後來因為耶穌死前，門徒有用那個杯子盛接過耶穌的血，因此傳說那個杯子具有無與倫比的神秘力量，可以治癒任何病痛，於是被尊稱為「聖杯」。

也因此，聖杯就一直代表著無盡生命力和永恆能量提供的象徵。

而我也是一樣，在「大師之路」的投資旅程上，我始終在追尋自己的聖杯─期待打造小小波克夏（挖掘屬於自己的一口井）。

7.1

班傑明 · 葛拉漢的神諭─
道瓊型態的投資組合

「首先找到溼溼的雪，和那道長長的山坡。」

　　　　　─華倫 · 巴菲特（Warren Edward Buffett）

　　許多投資人認為追求短期獲利，或是能提供高報酬率的投機方式，就是所謂投資的「聖杯」。

　　但是它們符合聖杯所謂的定義嗎？

　　我們不妨來重新看看聖杯的定義：無盡的生命力和提供永恆的能量。其中關鍵是「無盡」和「永恆」。就像去年（2022 年）股市崩盤時，造成許多投機當沖客紛紛中箭下馬。甚至就連崇尚追求高報酬的美國長期資本管理基金，也於 1988 年亞洲金融風暴時宣告破產，輸家真是算都算不完⋯⋯。

　　投資真正的目的（終極目標）就是期待晚年能夠攢下一筆退休金，供給我們金錢用度無虞、安享晚年。所以投資策略必須能夠通過時間的考驗，並且經得起發生「黑天鵝事件」的突襲，也就是當黑天鵝事過境遷後，報酬依舊能恢復往常，這才算是真正符合投資的「聖杯」。

那怎樣的投資策略才符合上述原則呢？其實有的，而且是很早以前就被提出來了！

葛拉漢在《智慧型股票投資人》（The Intelligent Investor: The Definitive Book on Value Investing）書中便曾提供一個絕佳的建議，那就是建構一個「道瓊型態的投資組合」，他說：「這種股票投資組合相當單純，投資者只要買進相同數量的道瓊工業股價指數成份股。以 900 點的平均水準來說，每支股票購買 10 股，其總成本約 16,000 美元。」

「道瓊工業平均指數」（Dow Jones Industrial Average Index）是由《華爾街日報》（The Wall Street Journal，WSJ）編輯查爾斯‧道（Charles Henry Dow）和他的商業夥伴愛德華‧瓊斯（Edward Jones）所編造，所以該指數才由他們倆的名子來命名。目的是為了追蹤代表整體股市漲跌所想出的辦法。

它首次在 1896 年公布，象徵著美國工業中最重要的 12 種股票的平均數（見表 7-1）。

當它首次被公布時，指數是 40.94 點。1916 年道瓊工業平均指數中的股票數目增加到 20 種，1928 年再增加為 30 種，然後一直維持這個數目到現在。

表 7-1

美國道瓊工業平均指數創始成分股	
1	美國棉花油製造公司
2	美國糖類公司
3	美國菸草公司
4	芝加哥燃氣公司
5	蒸餾及家牛飼料公司
6	Laclede Gas LIght Company
7	國家鉛公司
8	北美公司
9	田納西煤、鐵與鐵路公司
10	美國皮革公司
11	美國橡膠公司
12	奇異公司

資料來源、製表：作者

　　所以若當時真的有投資人按照葛拉漢的建議，把自己的投資組合完全仿照道瓊指數成份股的配置，而如今道瓊指數已從葛拉漢當時建議的900多點，上漲到3萬多點了（真正的發大財）（見圖7-1）：

圖 7-1

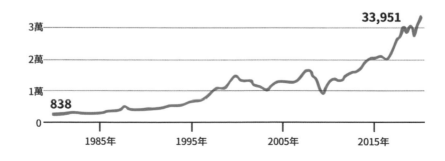

那到底道瓊指數是利用了什麼樣的機制，好讓它長期下來有那麼優異的表現？這時我們可以借鏡一下生物學，在《能量、性、死亡：粒線體與我們的生命》（Power, Sex, Suicide: Mitochondria and the Meaning of Life）這本書中有提到一個「自動校正的死亡機制」，抱持的理論其實就是「細胞最終的命運為何，取決於它是否有能力滿足正常的能量需求，當某個細胞無法達成代謝需求時，它就會執行細胞凋亡。像這樣地移除受損的細胞，同時也清除了故障的細胞，並因此延長了個體的壽命。此一機制是為了維護多細胞個體的完善健全這是不可或缺的。」

而道瓊指數同樣的也利用了這個機制，例如：蘋果公司是 2015 年 3 月 18 日加入的，而 2018 年 6 月 20 日公布新一輪的道指成份股，這當中便已將奇異剔除，算是正式告別了上達 100 多年來的風光。奇異被踢出無異是意味著由「創始成份股」組成的公司，已然全數中箭落馬……。

反觀若違反這個「自動校正的死亡機制」又會如何？如同《萬病之王：一部癌症的傳記，以及我們與它搏鬥的故事》（The Emperor of All Maladies: A Biography of Cancer）這本書中所說：「癌症起源於突變的基因，阻斷了細胞的死亡，因此讓癌症細胞得到了對抗死亡的能力。癌症細胞行為最惱人的例子之一，就在於它的不死。」

所以，葛拉漢才在《證券分析》（Security Analysis）書中特別強調：「投資人大致上瞭解，他需要每隔一段期間就檢視手中持有的投資組合，評估證券是否仍然安全無虞；如果某個證券的健全程度值得懷疑，就應該交換為較佳者。從事這類的『調換』，投資人

對於所賣出的證券，必須有承擔虧損的心理準備，這部分損失應該由投資組合的整體收益來扣減。」

只是一般散戶總是反過來，如同彼得‧林區說所的：「有些人喜歡賣掉『贏家』（上漲的股票），留下『輸家』（下跌的股票），這好比是拔掉鮮花，卻只給雜草澆水。」

葛拉漢除了這帖良方外，他更認為在股票市場中，還是有許多公司的體質並不遜於道瓊成份股，所以投資者未必只能選「道瓊工業股價指數」裡的 30 家公司。於是，葛拉漢又提出了另一個建議，稱作「計量檢定的投資組合」，其做法如下：

★選擇的股票應該屬於大型、傑出而且舉債保守的企業。

★每家公司都應該有長期持續發放股息的記錄。

★投資者必須就本益比訂定某種限制，盈餘則可以採用過去數年，例如 7 年的平均盈餘數字。

★普通股的投資組合，必須做出充分但不過度的分散投資，這可能意味至少需要 10 種股票，最多不超過 30 種。

從第四點中，葛拉漢的「計量檢定的投資組合」的意思是，投資人可以建構一個屬於自己道瓊型態的投資組合。例如，大雄可以建構一個自己的投資組合，叫作「大雄卓越 30 平均指數」。

而第一、二點，則是建構此投資組合的選股原則。第三點，則顯示葛拉漢是一位價值型投資人的特質，就是在買進股票前，應該先評估股價是否便宜或合理。

我個人認為，葛拉漢非常有先見之明，因為當時指數型基金還

未出現。以當時的年代來說，「計量檢定的投資組合」如同神諭（Oracle），就像投資人到德爾斐神廟（Delphi）求取的神讖一般。

從現在來看，標準普爾 500 指數（S&P 500）是由 500 家大型企業所組成、「台灣 50」（0050）指數，也是由市值前 50 大的上市公司所組成的一樣，都是「計量檢定的投資組合」。而查看過去的記錄，標準普爾 500（S&P 500）和「台灣 50」（0050）也都經得起時間的考驗，長期持有確實能為投資者帶來不錯的報酬，所以符合投資的「聖杯」。

然而，以前要建構「計量檢定的投資組合」並不容易，因為需要一大筆錢。但如今，台灣的零股交易制度已經正式上路[1]，對於小資族來說，可直接透過購買零股的方式來建構，相對變得更加容易執行。[2]

---

1. 政府為方便社會大眾參與股票投資，滿足投資人交易時可以買賣零股，臺灣證券交易所修訂上市股票〈零股交易辦法〉，投資人自 109.10.26 起可於正常交易時段買賣零股，既有盤後零股交易仍依現行機制維持運作。
2. 盤中零股交易是指上午 9 點起至下午 1 點半為止均可進行零股交易，不限盤後才能交易。而零股交易是限價當日有效，未成交的委託不會保留至盤後零股的交易時段。此外為防波動過大，零股也有 3.5% 的價格穩定措施。最後是零股不能進行融資融券、借券賣出等交易，投資人要小心謹慎為之。

7.2

約翰‧聶夫的衡量式參與——
建構升值潛力的投資組合

「如果能夠慢慢找出盈餘持續成長的投資組合，你將發現複利、市值也會跟著穩定增加。雖然我們很少承認，但這正是波克夏股東累積財富的唯一方式。」

—華倫‧巴菲特（Warren Edward Buffett）

　　理財專家常建議我們存金融股，因為相對收益率較高，且每年都穩定配息，只要日後存個百來張，光靠股息就可遊山玩水。然而在《一本書學做收息王》（The Little Book of Big Dividends：A Safe Formula for Guaranteed Returns）有舉了一個例子：

　　★投資組合 A 的收益率是 5%，但平均每年增值僅 3%，即每年的總回報是 8%

　　★投資組合 B 的收益率少很多，只有 2%，但每年增值 8%，總回報率 10%

　　因為投資組合 B 的收益率太低，為了維持和投資組合 A 的現金流相當，我們假設投資組合 B 每年年尾都會再出售 3% 的股票。在分別持有 20 年後的報酬（見表 7-2）：

表 7-2

投資組合 A			投資組合 B				
1	100,000	5,000	1	100,000	2,000	3,240	5,240
2	103,000	5,150	2	104,760	2,095	3,394	5,489
3	106,090	5,305	3	109,747	2,195	3,556	5,751
4	109,273	5,464	4	114,971	2,299	3,725	6,024
5	112,551	5,628	5	120,443	2,409	3,902	6,311
6	115,927	5,796	6	126,176	2,524	4,088	6,612
7	119,405	5,970	7	132,182	2,644	4,283	6,927
8	122,987	6,149	8	138,474	2,769	4,487	7,256
9	126,677	6,334	9	145,065	2,901	4,700	7,601
10	130,477	6,524	10	151,971	3,039	4,924	7,963
11	134,392	6,720	11	159,204	3,184	5,158	8,342
12	138,423	6,921	12	166,782	3,336	5,404	8,740
13	142,853	7,129	13	174,721	3,494	5,661	9,155
14	146,853	7,343	14	183,038	3,661	5,939	9,591
15	151,259	7,563	15	191,751	3,853	6,213	10,048
16	155,797	7,790	16	200,878	4,018	6,508	10,526
17	160,471	8,024	17	210,440	4,209	6,818	11,027
18	165,284	8,624	18	220,457	4,409	7,143	11,552
19	170,243	8,512	19	230,950	4,619	7,483	12,102
20	170,351	8,768	20	241,944	4,839	7,839	12,678

資料來源、製表：作者

　　如（表 7-2）所示，B 投資組合在 20 年後的價值為 241,944 元，比 A 投資組合 170,351 元多了 4 成，現金流方面，B 投資組合為 12,678 元，也比 A 投資組合 8,768 元多了 44%。

所以，收益率一般，但升值潛力高的投資組合，較收益率高但升值慢的投資組合，可以提供更高的現金流，以及更多的本金增長。這個例子，無疑打臉了理財專家建議大家存金融股的建議。

真的是這樣子嗎？讓我們在民國 92 年用 80 萬元分別以 27.9 元買進中信金和以 37.08 元買進「台灣 50」。詳情參考下表（見表 7-3）：

表 7-3

中信金（2891）					「台灣 50」（0050）			
年度	現金股利	股票股利	股數	領取股利	年度	現金股利	股數	領取股利
92	1.1	0.6	28,673	$31,540	92	0.00	21,574	$0
93	1	1.9	30,393	$30,393	93	0.00	21,574	$0
94	0.5	1.2	36,168	$18,084	94	1.85	21,574	$39,912
95	0	0	36,168	$0	95	4.00	21,574	$86,296
96	0.2	0.8	36,168	$7,234	96	2.50	21,574	$53,935
97	0.18	0.32	39,061	$7,031	97	2.00	21,574	$43,148
98	0.64	0.39	40,311	$25,799	98	1.00	21,574	$21,574
99	0.73	0.72	41,884	$30,575	99	2.20	21,574	$47,463
100	0.4	0.88	44,899	$17,960	100	1.95	21,574	$42,069
101	0.71	0.7	48,850	$34,684	101	1.85	21,574	$39,912
102	0.38	0.37	52,270	$19,863	102	1.35	21,574	$29,125
103	0.81	0.81	54,204	$43,905	103	1.55	21,574	$33,440
104	0.81	0.8	58,594	$47,461	104	2.00	21,574	$43,148
105	1	0	63,282	$63,282	105	0.85	21,574	$18,338
106	1.08	0	63,282	$68,345	106	2.40	21,574	$51,778
累計				$446,155	累計			$550,137

資料來源、製表：作者

至於我為什麼選民國 92 年？那是因為「台灣 50」（0050）是在當年才掛牌，這也是我們能找到最早的歷史數據了。在存股 15 年後，在民國 106 年底分別以 20.5 元賣出中信金，和以 82.15 元賣出「台灣 50」。其獲利比較（包括這些年領取的股利），請參考下表（見表 7-4）：

表 7-4

存股	資金配置	投資成果	獲利
中信金	$800,000	20.5 × 63,282 ＝ 1,297,281 ＋ 446,345 ＝ 1,743,436	$943,436
台灣 50	$800,000	82.15 × 21,574 ＝ 1,722,304 ＋ 550,137 ＝ 2,322,441	$1,522,441

資料來源、製表：作者

結果很明顯，「台灣 50」大勝中信金，還超過了 50%。

如同筆者所說：「總括而言，你總會希望自己挑選的投資組合，在金額上能有最大幅度的提升，而最好的方法就是買一些股息及價值都會增長的潛力股。但若你只將選擇限制於高收益股票，而大部份都只有一般的升值潛力，那你就限制了總回報製造現金的潛力。」

那為什麼「台灣 50」具有升值潛力呢？

當中到底蘊藏了什麼秘密？

現在，我們就一起來看看「台灣 50」的成份股有哪些（見表 7-5）：

表 7-5

證券名稱	持股權重(%)	證券名稱	持股權重(%)	證券名稱	持股權重(%)	證券名稱	持股權重(%)	證券名稱	持股權重(%)
台積電	48.19	兆豐金	1.40	合庫金	0.96	開發金	0.68	統一超	0.54
鴻海	4.51	國泰金	1.40	和泰車	0.90	國巨	0.67	遠東新	0.44
聯發科	3.81	廣達	1.35	聯詠	0.89	永豐金	0.66	遠傳	0.43
台達電	2.73	玉山金	1.28	欣興	0.84	瑞昱	0.65	彰銀	0.42
聯電	2.18	統一	1.26	台泥	0.83	台灣大	0.60	華新	0.40
中華電	1.63	中鋼	1.15	台化	0.79	研華	0.59	台塑化	0.40
南亞	1.54	台塑	1.18	華南金	0.77	上海商銀	0.58	陽明	0.39
富邦金	1.54	元大金	0.99	華碩	0.76	長榮	0.57	萬海	0.30
中信金	1.52	第一金	0.98	大立光	0.76	亞德客-KY	0.55	豐泰	0.30
日月光控股	1.46	中租-KY	0.96	台新金	0.74	和碩	0.55	南亞科	0.22

資料來源、製表：作者

備註：數據抓取日期為 2023.06（每年可能會有些許變動）

　　就成份股的內容來看，有些股票表現不錯，金融股也不少，但也有一些股票表現並不突出。這當中有一個特別的地方即在於，我

用紅色框起來的部分，那就是光台積電（2330）一檔，其持股權重就占了 48.19%。也就是說，當你買進一張「台灣 50」，它會把其中近 5 成的資金拿去買台積電。所以事實上，光一檔台積電，就足以撐起「台灣 50」的半邊天。

那台積電是一檔什麼樣的股票呢？

我們不妨先來看看台積電最近幾年的盈餘紀錄（見表 7-6）：

表 7-6

台積電	2013 年	2014 年	2015 年	2016 年	2017 年	2018 年	2019 年	2020 年	2021 年	2022 年
EPS	7.26	10.18	11.82	12.89	13.23	13.54	13.32	19.97	23.01	39.2

資料來源、製表：作者

從紀錄得知，台積電正是我們在上一章節的內容中曾經提到過，正好屬於一個有很高「時間複利的基本比率」的盈餘成長股。所以，一個很簡單的道理，**只要你的投資組合中，全都是盈餘成長股，就能打造出具有升值潛力的投資組合。**

接下來，就要說明我建構投資組合的方式，我的靈感主要是來基金經理人約翰・聶夫（John B. Neff），他管理溫莎基金（Windsor Fund）30 年，其每年報酬率平均超過整體市場 3%，而能夠長期擊敗市場的經理人並不多。

在《約翰・聶夫談投資》（John Neff on Investing）這本書曾提到一種名為「衡量式參與」的配置策略：它是著手在大型、穩定、相當好預測的公司，以及規模較小、產品、市場或服務有較多成長

空間的公司，並在兩者之間做資產轉換。

約翰‧聶夫管理的溫莎基金，是透過品質、行銷力、成長及經濟特徵來分門別類，而不是用傳統產業類別（像電子、鋼鐵、機械、化學）來分類。其基金主要分成四大類：

★穩定成長股：一段相當長的時間內維持優異成長公司，像是可口可樂、蘋果等公司，這是巴菲特喜歡的類型。

★快速成長股：盈餘成長較高，但知名度和規模都較低的公司。

★緩慢成長股：基本面變動不大的公司，像是電話公司、電力公司、銀行等。

★景氣循環股：受景氣循環影響的股個，像是石油、化學、汽車、航空、營建等。

因為他的配置策略和我提過「時間複利的基本比率」（透視盈餘）的概念相似，所以當我看到「衡量式參與」時，我一下子就喜歡上了。而我的方法更為簡單，我只分成三大類：

★**快速成長股：盈餘成長率≧ 18% 的個股。**
★**緩慢成長股：盈餘成長率＜ 18% 的個股。**
★**盈餘衰退股：盈餘呈現衰退的個股。**

至於我建議的投資組合架構與方式則是：

★每年只買進股價低於合理成長價的「快速成長股」和股價低於現金殖利率法便宜價的「緩慢成長股」。於是你的投資組合剛開始時，只會有這兩種類別的股票。

★若買進「快速成長股」之後，盈餘成長趨緩時（＜ 18%），

則重新歸類成「緩慢成長股」。因為還是持續成長中，所以繼續抱股領取股息。

★同樣的，若買進「緩慢成長股」之後，盈餘大幅成長時（≧18%），再重新歸類成「快速成長股」。

★若買進後，盈餘呈現衰退，則歸類到「盈餘衰退股」。這時你可以考慮是否賣出，若你認為衰退只是暫時性，則可先留校察看。若認為不是則賣出，然後再把賣出的錢，再去買「快速成長股」或「緩慢成長股」。

其實，我每一年都會持續這樣的動作。尤其，在第一季財報公佈後，我就開始著手評估，哪些股票盈餘衰退，該賣出；哪些股票盈餘大幅成長，可買進。

例如，我就是用此方法，在 2013 年買進台積電，2014 年買進台光電，2015 年買進裕融，2016 年買進信邦……（其實這些年買我的更多，因文章篇幅有限而省略），詳請請參考下表（見表 7-7）。

2018 年的台光電（2383）和 2019 年的裕融（9941），因為盈餘已呈現衰退，於是我就賣掉了，然後再去買其它的成長股。只是後來台光電和裕融的盈餘又恢復成長，股價也大幅上漲。所以我後來才整理出第四點，有些盈餘呈現衰退，若是暫時性，可以先留校察看。

表 7-7

股票	2013年	2014年	2015年	2016年	2017年	2018年	2019年	2020年	2021年	2022年
台積電	7.26	10.18	11.82	12.89	13.23	13.54	13.32	19.97	23.01	39.20
台光電		4.91	7.55	8.70	8.74	5.48	10.14	11.33	16.50	15.24
裕融			5.36	6.41	8.46	9.27	9.12	8.85	12.96	12.06
信邦				5.15	5.44	6.26	7.47	9.08	10.00	12.22
宜鼎					10.86	10.87	12.72	11.46	18.94	21.46
優群						3.60	5.34	7.20	7.11	6.80
漢唐							14.77	21.16	14.53	21.25
京鼎								14.91	17.01	24.64
中興電									4.19	5.21
閎康										10.12

資料來源、製表：作者

這樣的做法就是《超級績效：金融怪傑交易之道》（Trade like a Stock Market Wizard）作者馬克・米奈爾維尼（Mark Minervini）所說：「上市公司每季都會公布盈餘和銷貨報告，那些持續交付優異表現的股票，就能繼續留在投資組合裡，至於那些表現不彰者，則必須離開。透過這種強制取代的處理方式，投資組合自然而然會邁向績效目標。」

接著，我們來驗證一下，這種投資策略，是否符合投資的「聖杯」定義。但因為我持有的個股太多了，所以我只挑選其中持有的10檔（見表 7-8）：

表 7-8

股票	買進年度	買進價格	目前價格（2023.06.21）	持有年數	領取股利（累計至 2023 年）
台積電	2013	101.0	581.0	10	78.0
信邦	2016	72.9	367.0	7	42.3
宏全	2016	50.5	105.0	7	23.1
牧德	2017	63.7	224.5	6	85.2
宜鼎	2017	120.0	354.5	6	51.1
優群	2018	39.9	139.0	5	26.5
漢唐	2019	153.0	217.5	4	58.1
維田	2021	33.2	71.6	2	7.0
中興電	2021	48.3	132.5	2	8.5
閎康	2022	117.0	235.0	1	8.0
總計		799.5	2427.6		387.8

資料來源、製表：作者

經過了這些年，它的價值呈現了指數般的成長，原先指數（買進價格總計）為 799.5 元（約 80 萬元），成長到目前價格為 2,427.6 元（約 242 萬元），增長了 3 倍（2,427.6 ／ 799.5 ＝ 3.04）。

而這種投資方式特別適合小資族，因為初始資金的 80 萬元，並不是一次性投入，而是分成 10 年（約每年 8 萬元）。所以小資族可以每年一步一步的建構，屬於自己的道瓊型態的投資組合，就像當年的美國道瓊工業平均指數成立時，只有選擇 12 檔成份股的道理一樣。

最重要的一點是，這種投資方式風險並不高，不會因為某年選

股失敗，而讓整個投資組合遭受毀滅，只要再下個年度裡，選到好的股票即可彌補。還有在這段期間內，我還陸續領取了股利 387.8 元（約 38 萬元），也就是已經回收了將近一半的資金。

所以，這種投資方法是符合投資的「聖杯」。我認為若你還年輕（投資年限還有 20 ～ 30 年），應該打造一個屬於自己的小小波克夏。

各位有沒有發現一件事情，雖然巴菲特口口聲聲建議投資人應該買進 S&P 500 指數型基金，但波克夏公司卻並未大量買進，其主要原因就是，巴菲特也是聽從老師班傑明 · 葛拉漢的教誨，專心建構屬於自己的**「計量檢定的投資組合」**。

最後，如同巴菲特所說的：「如果能夠慢慢找出盈餘持續成長的投資組合，你就會發現複利、市值也會跟著穩定增加。雖然我們很少承認，但這正是波克夏股東累積財富的唯一方式。」

7.3

來上一堂葛拉漢的財報課——
NIKE 投資法（選股訣竅）

「想賺錢的最好方法就是將錢投入一家成長中的小公司，這家公司近幾年內一直都出現盈利，而且預期會持續地成長。我投資組合中表現最好的公司往往是買進後三、五年才利潤大增，而不在三、五個星期後。」

—彼得‧林區（Peter Lynch）

當你想開始打造小小波克夏時，一定會遇到關於如何選股的問題？為了傳授我選股的訣竅，一開始，我們先來上一堂葛拉漢老師的財報課。

巴菲特自傳《雪球：巴菲特傳》（The Snowball: Warren Buffett and the Business of Life）書中有提到，葛拉漢上課時會運用各種巧妙、有效的教學技巧，訓練學生獨立思考，這也是他個人典型的思考模式。例如，他會提出問題，學生會以為自己知道問題的答案，但後來才發現自己沒答對。

現在我們也來上一堂葛拉漢老師的財報課，看看跟你們之前上過的課有什麼不同。葛拉漢在課堂上舉出了兩份財報，並要求學生給出評論（見圖 7-2）：

圖 7-2

第一份財報（某公司）

資產負債表		損益表	現金流量表
資產	負債（高）	營業收入（低）	營業活動現金流量（低）
		毛利率（低）	自由現金流量（負值）
	股東權益（低）	營業利益率（低）	
		稅後淨利率（低）	
		每股獲利（低）	

第二份財報（某公司）

資產負債表		損益表	現金流量表
資產	負債（低）	營業收入（高）	營業活動現金流量（高）
		毛利率（高）	自由現金流量（正值）
	股東權益（高）	營業利益率（高）	
		稅後淨利率（高）	
		每股獲利（高）	

第一家公司的財報看起來，損益表的每股獲利、現金流量表的營業活動現金流量都偏低，顯示該公司獲利能力不佳，而且因資產負債表的負債過高，均顯示該公司向銀行借貸了不少錢。

第二家公司的財報相對看來好很多，損益表的每股獲利、現金流量表的營業活動現金流量都較高；不但如此，資產負債表的負債也相對較低，可能是因為獲利較好，已經清償了之前的借貸。所以若要投資的話，建議應該買進財報較好的第二家公司的股票才對。

但即使我們已經細細考慮過，但萬萬想不到葛拉漢最後給出的

答案竟讓學生們大感驚訝，原因是葛拉漢認為「這兩份財報其實都是出自同一家公司，差異僅是處在不同時期的狀況罷了。」

透過葛拉漢這個考題帶給我們的啟示是：財報只是特定時刻的一張快照，當你買進「好」的第二份財報公司的股票，但之後變成「不好」的第一份財報時，你會賠大錢；同樣的道理，當你買進「不好」的第一份財報公司的股票，但之後變成「好」的第二份財報時，你會賺大錢。

為了清楚說明這兩者當中的不同與實際的涵義，容我再舉另一個例子做說明。有兩家公司，一家稱為90分公司（代表財報90分），另一家稱為60分公司（代表財報60分），至於下表提供的數據則為 EPS 和股利（見表7-9）：

表 7-9

年度	90分公司	股利	60分公司	股利
2001	10	8	1.00	0.80
2002	10	8	1.20	0.96
2003	10	8	1.44	1.15
2004	10	8	1.73	1.38
2005	10	8	2.07	1.66
2006	10	8	2.49	1.99
2007	10	8	2.99	2.39
2008	10	8	3.58	2.86
2009	10	8	4.30	3.44
2010	10	8	5.16	4.13
總計		80		20.77

資料來源、製表：作者

假設這兩家公司的配息率都一樣（80%），因為 90 分公司財報較為優秀，所以 2001 年以本益比 20 倍的價格買進（10 × 20 ＝ 200），2010 年以本益比 20 倍的價格賣出（10 × 20 ＝ 200）。因為 60 分公司財報較為不好，所以 2001 年以本益比 10 倍的價格買進（1 × 10 ＝ 10），2010 年以本益比 10 倍的價格賣出（5.16 × 10 ＝ 51.6）。

我們來計算一下這兩家公司，投資 10 年後的投資報酬率如何？（包含領到的股利），如下：

★ 90 分公司：（〔200 ＋ 80〕- 200）÷ 200 ＝ 40%
★ 60 分公司：（〔51.6 ＋ 20.77〕- 10）÷ 10 ＝ 624%

這個計算出來的結果，確實出乎眾人的意料之外。其實在 2001 年，你買進財報差的 60 分公司的股票，10 年後的投資報酬率反而大勝買進財報優秀的 90 分公司的股票。

這個例子告訴我們，**當下財報好壞不是重點，重點在於未來的成長趨勢**。這也是我個人並不建議透過程式設定條件來篩選股票的原因（見表 7-10）：

因為無論那個年度，篩選的結果都會是 90 分公司比較好，你必須等到若干年後，60 分公司的財報評估進步到 90 分，你才會篩選得到，但為時已晚 60 分公司的股價也變貴了。

如同，巴菲特所說的話：「一間公司應該被當成一部展開的電影來看，而不是一張靜止的照片。」

表 7-10

年度	90 分公司	財報評估	60 分公司	財報評估
2001	10	優	1.00	劣
2002	10	優	1.20	劣
2003	10	優	1.44	劣
2004	10	優	1.73	劣
2005	10	優	2.07	中
2006	10	優	2.49	中
2007	10	優	2.99	中
2008	10	優	3.58	中
2009	10	優	4.30	好
2010	10	優	5.16	好

資料來源、製表：作者

但我還是要聲明一下，我並不是說財報好的公司不要投資，而是查理・蒙格也說過，等到優秀企業明顯壯大以後，想要再買進就變得很困難了，因為競爭非常激烈，大家都找得到，所以股價明顯偏高。對於年輕人來說，投資具備發展潛力的小公司，這才是比較聰明的辦法。

那麼巴菲特又是如何看財報的呢？

在《巴菲特的繼承者們：波克夏帝國 20 位成功 CEO 傳奇》（The Warren Buffett CEO：Secrets from the Berkshire Hathaway Managers）這本書中，巴菲特特別提到一個故事：當威利家具公司的經營者比爾・柴爾德想把家族事業賣給巴菲特時，問他希望我該怎麼做，巴菲特說：「請先將公司最近 3 年的財務報表寄給我，還有公司的簡

單歷史也一併讓我知道，我之後會再回電話給你。」

巴菲特甚至說：「我有時會看過去好幾十年的數字，這樣一來，什麼是趨勢、什麼是短期現象，我通常就會很清楚。」但是，假設以一家公司需要閱讀過去 10 年的財報，那麼 10 家公司豈不是就要閱讀 100 份財報嗎？我想根本沒人能能夠做到像巴菲特這樣的程度（包括我自己）。

沒關係，大家也別因此洩氣，我接下來提供的方法比較簡單，因為只要觀察個股過去 10 年能夠提升公司價值的重要數據即可：

★ EPS（每股盈餘）：是否持續成長。

★營收：這是成長的源頭，由它所帶動的盈餘成長才是可靠的。

★營業活動現金流量：它代表公司創造現金的來源呈現穩定增長，這才是貨真價實。

★每股淨值：這是判斷管理團隊提升企業價值的關鍵。為了防止盈餘成長是來自會計手法，所以請一併觀察淨值是否也在同步成長。

若這些數據都呈現成長的趨勢，其實就不用管其它財報的細微末節，因為只要它持續的成長，將來財報的情況都會逐漸改善。剩下的只要評估價格合理，就可以買進。尤其是投資那些初創公司時，當公司還沒有賺錢，可先觀察營收和營業活動現金流量，是不是如公司計畫展望般的成長。就像早期投資亞馬遜的投資人，如今都賺了大錢。

亞馬遜的創始人貝佐斯（Jeffrey Preston Bezos），在《貝佐斯寫給股東的信：亞馬遜14條成長法則帶你事業、人生一起飛》（The Bezos Letters: 14 Principles to Grow Your Business Like Amazon）一書中也曾這麼說：「當被迫在公認會計準則財務報表的美觀，和未來現金流量的現值最大化，這兩者之間做選擇時……，我們總是傾項選擇後者。」

接下來，我們來看看台股的例子，以下為台積電的相關數據。像台積電每年的 EPS、營收、營業活動現金流量和每股淨值等均呈現成長狀態（見表7-11）：

表 7-11

年度	EPS	營收	營業活動現金流量	每股淨值
2008	3.86	321,767	211,949,947	18.59
2009	3.45	285,742	155,902,046	19.11
2010	6.24	406,963	222,023,176	22.16
2011	5.18	418,245	238,734,696	24.29
2012	6.41	499,871	284,963,160	27.90
2013	7.26	597,024	347,383,537	32.69
2014	10.2	762,806	421,523,731	40.32
2015	11.8	834,497	529,879,438	47.11
2016	12.9	947,938	539,834,592	53.58
2017	13.2	977,447	585,318,167	58.70
2018	13.5	1,031,474	573,954,308	64.67
成長率	13%	12%	10%	13%

資料來源、製表：作者

若買進之後，還要持續追蹤每月營收和每季的 EPS 是否持續成長，若持續成長則不要賣出。就像我自從在 2013 年買進台積電後，就再也沒賣出過（見圖 7-3）、（表 7-12）：

圖 7-3

資料來源：圖截自 Goodinfo! 台灣股市資訊網

表 7-12

台積電 （2330）	2013 年	2014 年	2015 年	2016 年	2017 年	2018 年	2019 年	2020 年	2021 年	2022 年
每股 盈餘 （EPS）	7.26	10.18	11.82	12.89	13.23	13.54	13.32	19.97	23.01	39.2

　　但這還是有一點要格外注意！

　　因為即使從過去財報中選股，當中還是有盲點存在，如同彼得‧林區提醒大家「你無法從後視鏡中眺望前方」所以在買進股票之前，

我們還是需要眺望遠方才行。那麼接下來，我就要爲大家介紹我選股的訣竅，而我通常稱呼它們爲「NIKE 投資法」，細節如下（見圖 7-4）：

圖 7-4 NIKE 投資法

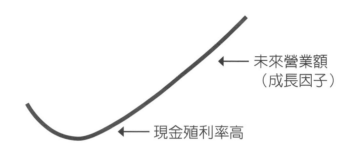

← 未來營業額（成長因子）

← 現金殖利率高

1・儘量選擇「現金殖利率高」的股票

因爲現金殖利率高的個股相對抗跌，即使未來表現不如預期，也比較不會出現大幅虧損。評估方式有以下 3 種：

★股價低於現金殖利率法的「便宜價」

★股價低於「未來 1 年便宜價」

★股價低於「合理成長價」

股價低的「便宜價」絕對是第一選擇，但若眞等不到這樣低廉的價格，則不妨退一步選擇二或三。

2‧ 具備「未來營業額成長因子」

就是尋找公司未來營業額會繼續成長的因素，可從以下 2 點著手：

★微觀經濟：尋找未來有擴廠、展店、新產品、新市場計畫的企業，或是在經濟景氣即將回升下，具備轉機利多的公司。

★產業趨勢：處於強勢產業的上、中、下游，或為相關產業所屬的供應鏈等。

這種的選股方法，可以幫你找到「低基期」、「高成長」的個股，就像是打勾勾「√」的股票，然後 Just do it！買進持有即可（見圖 7-5）：

圖 7-5 NIKE 投資法

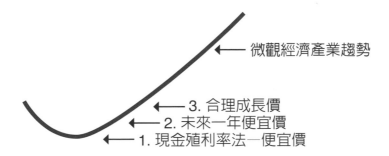

微觀經濟產業趨勢

3. 合理成長價

2. 未來一年便宜價

1. 現金殖利率法─便宜價

例如，我在 2021 年時觀察到維田（6570）因為歐美解封，其基本面大幅成長，所以我便以 33.2 元買進。而今年（2023 年）配發股利 4 元，所以我的存股殖利率為 4 ÷ 33.2 ＝ 12.04%，目前股價則來到 71.6 元（2023.06.21）。

以及，我在 2022 年以時價 117 元買進閎康（3587），因為晶片邁向先進製程，我預估將會有更多驗證分析的需求，而今年（2023年）配發股利 8 元，所以我的存股殖利率為 8 ÷ 117 ＝ 6.83%，目前股價則來到 235 元（2023.06.21）。

　　最後，我想以彼得‧林區所說的一段話來做個總結：「想賺錢的最好方法，就是將錢投入一家成長中的小公司，這家公司近幾年內一直都出現盈利，而且預期會持續地成長。我投資組合中表現最好的公司往往是買進後 3 ～ 5 年才利潤大增，而不在 3 ～ 5 個星期後。」

第 **8** 章

展望未來—
不確定的世界

一般好萊塢的英雄電影中，劇情最後的高潮都會迎來大魔王，而我們的「大師之路」已走到最終章，情節自也不例外……。

　　在金融市場中的大魔王，就是美國聯準會（Fed），例如 2022 年美國聯準會主席傑洛姆 · 鮑爾（Jerome Hayden Powell）突然釋出利率新指引，以持續強力升息政策來對抗頑強的通膨，結果造成單日美股道瓊工業指數崩跌 1,008 點。

　　在過去的金融歷史中，這樣的事件屢見不鮮，那些平常對大魔王視而不見的投機客（或當沖客），無論是否在投機上已做了充分研究或準備，均很可能因為主席一時的政策大轉彎，導致大家措手不及，一夕之間被掃地出門……。

　　所以，對於投資人來說，事先搞懂大魔王的決策思維，確實是一件很重要的事情。

8.1

輕鬆理解美國聯準會的決策思維

「歷史不會重演，但會有相同的韻腳。」

—馬克 · 吐溫（Mark Twain）

　　一般投資人多半不具備景氣循環或市場週期等相關知識，原因在於需要歷經好幾年才能累積知識與內外成養分，故而過去一、兩年內發生的事情，對投資人來說或許反而是一件好事，因為正剛好可讓投資人一窺金融市場究竟在玩甚麼把戲？

　　讓我們先回到 2020 年吧！當時因為新冠肺炎疫情的爆發，世界各地嚴格執行封城來防止病毒的傳播，造成經濟的重創。所以為了挽救下滑的經濟，美國聯準會開始調降利率，實施大規模的量化寬鬆。

　　而為了讓大家明白美國聯準會的決策思維，我們首先要從「西蒙 · 紐康等式」談起。

　　1885 年西蒙 · 紐康（Simon Newcomb）在他的著作《政治經濟學原理》中提出一個等式 $MV = PQ$，他將其稱之為「交易方程式」，藉此說明不同人之間的所得流通，以及流量與存量之間的差別。

但當時這個等式並未受到重視，直到後來美國經濟學家爾文‧費雪（Irving Fisher）出版的《貨幣購買力：與信貸，利息和危機的關聯》（The purchasing power of money：correlation with credit, interest and crises）重新詮釋這個等式，並將之改名爲「貨幣數量理論」，即如今我們所知的「貨幣數量學說」，方才重新開始受到關注。而其方程式的說明如下：

M（貨幣供給）V（貨幣週轉率）＝P（商品及勞務價格）Q（商品及勞務數量）

M：貨幣供給，包含現金、活期存款、支票存款、定期存款等。

V：貨幣週轉率，這個比較難解釋清楚，不過費雪有舉一個簡單的例子，我將翻成白話：假設金融法規規定銀行必須保留 10% 的保證金，若小王在銀行存了 10 萬元，則銀行可以把 9 萬元轉借給小明；若之後小明賺了錢，又存了 10 萬元到銀行，而銀行又可以再將其 9 萬元轉借出去，如此不斷重複進行。

P：商品及勞務價格，即物價水準，可用消費者物價指數（CPI）來衡量。

Q：商品及勞務數量，即指經濟，可用國內生產總值（GDP）來衡量。

這個等式並不是眞的是數學公式（即不是你輸入數據就會得到答案）。它只是陳述一個可供許多理論參考的核心關係。例如，假設經濟（Q）發生衰退，你要如何下決策以提振經濟呢？公式如下：

$$MV = PQ \downarrow$$

透過這個等式，我們知道可透過提升 MV 來解決問題，公式如下：

$$（MV）\uparrow = PQ$$

而以下就是美國聯準會常用的 3 個基本工具：

★**調降利率：將會刺激整個社會放款增加。**

★**向商業銀行買進政府債券（即量化寬鬆 QE）。**因為這些交易將會被借記為商業銀行的超額準備，能讓銀行將原先保留的保證金再借放出去。這是能大量提升貨幣供給的方式，又被稱作直升機撒錢。

★**降低商業銀行的存款準備。**因為調降了規定銀行必須保留的保證金，讓銀行可借出更多的款項。

這也是為什麼 2020 年美國聯準會使用「調降利率」和「量化寬鬆」這兩大決策的主因。因為它能創造將來經濟復甦的條件：企業不會因為景氣不好，被銀行抽銀根（雨天收傘），或能借到較低利息的貸款，來償還之前利息較高的債務。還有因為利率降低的緣故，之前沒那麼好的投資項目，已變得可行。

但它也並不保證將來經濟一定會復甦（因為這並非真的是數學公式），如同經濟學家凱因斯所說：「你可以牽一匹馬到河邊，但你卻不一定能使牠喝水。」講的就是當景氣衰退時，儘管政府連連降息，企業卻未必會一定會投資。

那政府又該怎麼辦呢？

若支持自由放任的經濟學家們一定會說：「等馬兒口渴了，自然就會喝水。」但凱因斯卻不苟同，他認為在景氣不好的時期，大家都縮手觀望，不投資也不怎麼消費，只會造成惡性循環，最後長期等下來，我們都死了。所以，政府應該要負起那個刺激經濟（投資）的重責大任才對。換句話說，凱因斯即是主張應由政府直接提振 Q（GDP）。而接下來，我們就來看看國內生產總值（GDP）的組成項目，公式如下：

$$GDP = \underset{\text{民間消費}}{C} + \underset{\text{民間投資}}{I} + \underset{\text{政府支出}}{G} + (\underset{\text{出口總額}}{X} - \underset{\text{進口總額}}{M})$$

而美國政府推出一系列法案，像是《疫情紓困法案》、《基礎建設法案》等，就是為了提振 GDP。如下：

★ C（民間消費）：提供每人 1,000 多美元的資助（出自《疫情紓困法案》部分內容）。

★ I（民間投資）：向航空公司和其他公司提供援助（出自《疫情紓困法案》部分內容）。

★ G（政府支出）：改善或重建美國的公路、鐵路、橋樑設施，以及提升家庭寬頻網路、充電站的擴展等（出自《基礎建設法案》部分內容）。

這兒先提一個題外話：巴菲特原先買進許多航空公司的股份，

後來因為遇到疫情爆發，巴菲特因為擔心航空公司無法營運而破產，所以就賣出了持股。但後來航空公司受到美國政府的援助，股價大漲，而巴菲特就剛好賣在相對低點上。

這件事告訴我們，當你的投資總是錯誤時，這可能只是你流年不利（倒霉）罷了，就像 2022 年發生這麼多出乎意料之外的事情，請真的不要太過責怪自己。

好了，我們再回頭看看這個「賽門‧紐康等式」，公式如下：

$$（MV）↑ =（PQ）↑$$

在經過美國聯準會的「貨幣政策」和美國政府的「財政政策」雙雙加持下，經濟確實振興，但經過一段時間後，過度刺激的負面影響也開始浮現，就是 P（商品及勞務價格）的上升，公式如下：

$$（MV）↑ → Q ↑ → P ↑$$

而這接下來，會發生什麼事情？

其實這就是我們在 2022 年已經遭遇到的事：美國聯準會年初針對通膨的誤判，以及之後一連串的強力升息，如同賽斯‧克拉爾曼（Seth Klarman）[1] 所說：「這是一個大型金融實驗，我們在他們的實驗中任由擺佈，也許現在就是出問題的過程。」

---

1. Baupost Group 共同創辦人及 CEO，代表作是 1991 年出版的《安全邊際》(Margin of Safety：Risk-averse Value Investing Strategies for the Thoughtful Investor)，這本書被視為是已絕版的投資界聖經。

8.2

在金融實驗中，任人擺佈……

「池水（市場）上漲時，鴨子會浮起來；池水下降時，鴨子也會跟著下降……水位對巴菲特合夥事業的表現影響極大。」

—華倫 · 巴菲特 （Warren Edward Buffett）

美國聯準會為什麼會誤判通膨局勢？

強力升息會引發經濟衰退嗎？

投資人未來應該怎麼辦？

為了回答這些問題，我們不妨先回顧一下過去。

2021 年，美國聯準會主席鮑爾當時針對通膨，究竟抱持甚麼看法？

他強調：「現在並非放眼升息的時刻。通膨急速上揚只是『暫時』情況，大部分仍是新冠疫情所衍生的問題，並非勞動市場緊俏所致，預估到明年第二或第三季就會下滑。」

鮑爾當時的看法很像商業管理學院經常提到的一個啤酒遊戲（存貨管理）：學生分別扮演釀酒廠、經銷商、大盤商和零售商。起初消費者的需求變動很小，但最後會產生「長鞭效應」（Bullwhip effect），就是不斷追加訂單，即使欠貨也要不斷增加，非得要等到加開生產線如期交貨，卻發生訂單之後才開始驟減。

其實，就像筆電和晶片的情況，之前需求被放大，導致重覆下單，但到最後變成庫存過多。而從「波羅的海全球貨櫃運價指數」（FBX）就能看出這個現象（見圖 8-1）：

圖 8-1

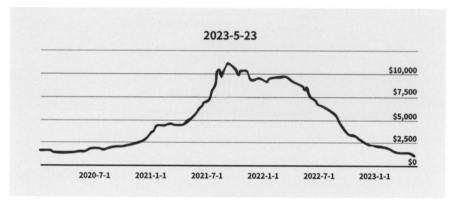

資料來源：FBX

那為什麼通膨後來並不只是「暫時」的呢？

主要原因是 2022 年 2 月發生的「俄烏戰爭」推升了能源（油價）與糧食價格。如同美國財政部長葉倫（Janet Louise Yellen）受訪時所表示：「我認為我當時對通膨的走向判斷確實犯了錯誤。經濟遭遇意料之外且重大的震撼，推升能源與糧食價格，供應鏈瓶頸對經濟影響甚為巨大。我當時並未充分理解到，但我們現在承認此事。」因為之前兩次石油危機都曾引發嚴重的通膨，所以這次俄烏戰爭和中國上海的封城（造成供應鏈瓶頸），才會讓美國聯準會措手不及。

那麼大幅升息爲何是對抗通膨的手段呢？

鮑爾曾經說過：「利率上升帶來的貨幣升值，對於抑制物價具有效果。」因爲美元升值，讓購買外國物品相對變便宜了。那爲什麼利率上升會帶來貨幣的升值呢？

因爲外匯交易員（或投機客）之所以會投資某個國家的貨幣，除了判斷其後勢看漲之外，另一個原因則是考量當地的利率。如果該國的央行提高短期利率，投機客便會追買該國貨幣，而該國貨幣就傾向升值。這在喬治・索羅斯（George Soros）所寫的《金融煉金術》（The Alchemy of Finance）一書中，也曾提到這個「熱錢」的反射行爲：

e：名目匯率（一單位國內貨幣所能交換的國外貨幣數量）↑＝升值（轉強）。

i：名目利率↑＝升息。

s：投機性資本流動↓＝資本流入增加。

當名目匯率（e）轉強，加上名目利率（i）升值，會造成投機性資本流動（s）流入增加。所以當美元升值、利率上升時，投機客會追買美元，造成美元進一步的升值。

這也是台股會跌那麼深的原因之一，因為大量的資金都流向美國（美元）。但強勢美元對其他國家的好處是，這將使其貨幣相對疲軟，有利於他國出口。壞處則是，若他國借了太多美元債，則會因償還成本變高，進而帶來經濟壓力，此時若再加上資金大幅撤出，恐將引發金融風暴。

那這次的升息，究竟會升到什麼地步呢？這也是難以預測的點，但我們可從美國聯準會的「風格」談起。因為每個國家的聯準會（央行）行事風格都不盡相同，例如位在非洲的辛巴威國家，它的央行最多就是只會狂印鈔票而已。至於美國聯準會的行事風格，則主要是來自「泰勒法則」（Taylor Rule）。

在《景氣為什麼會循環：歷史、理論與投資實務》（Business Cycles: History, Theory and Investment Reality）這本書中有提到，1993 年史丹佛大學的約翰‧泰勒教授針對美國中央銀行設計一套簡單公式，以通貨膨脹率 2% 和中性短期利率 4% 的目標為基礎，主張實際利率水準取決於通膨偏離 2% 目標的程度，以及取決於經濟成長脫離其長期速限的程度。

這也是為什麼，在美國聯準會的會議聲明中一直提到：「**決心將通膨率降至 2% 左右的目標。**」以及鷹派的官員中，建議將利率升到 4% 以上的原因。

但我個人覺得，這個通膨率 2% 的目標，或許在將來很有修正的空間。因為以前美國製造業外包給中國廠商，靠著中國生產的低價商品來壓低通膨。而如今為了供應鏈的安全，美國政府又呼籲製

造業回到美國，這無疑會導致生產成本增加。當然，這極可能也是美國政府之所以會提出《晶片法案》、《通膨削減法案》的原因。

緊接著，美國聯準會再度公布了另一項決策，那就是「量化緊縮」（向商業銀行賣出政府債券）：自 2022 年 9 月起，每月縮表規模將提高 1 倍，總金額來到 950 億美元，這代表著美國將拋售 3 年前買進的證券。

而這又會造成怎麼樣的影響呢？

這時，我們不妨再回頭看看「賽門‧紐康等式」：

$$（MV）\downarrow =（PQ）\downarrow$$

利率大幅升息和量化緊縮會造成貨幣供給（MV）減少，進而壓低通膨（P），但也可能引起經濟（Q）衰退，尤其若油價還一直維持在高檔的話……，所以，其結果很可能會演變成：

$$（MV）\downarrow \to Q\downarrow \to P\downarrow$$

這就是因為經濟（Q）衰退，導致通膨（P）下跌的元凶。

這個原理其實很容易理解，因為利率大幅攀升（借貸成本提高），讓新業務變得不如企業家預期的那般有利可圖，於是停止投資；抑或是因為貨幣供給縮緊，廠商向銀行借貸開始變得困難等皆是。

尤其最近美國出現殖利率倒掛（意指短債利率高於長債利率），就足以反應這個現象的產生。短期利率較高，反應出聯準會為了對

抗通膨而調升，但長期利率較低，則是反應了大家對未來經濟不確定性的疑慮。

這就是為什麼，當大魔王（美國聯準會）採取強力政策時，往往會造成金融市場的動盪，而投資人手中的金融資產也會跟著受到影響的原因。如同巴菲特所說：「池水（市場）上漲時，鴨子會浮起來；池水下降時，鴨子也會跟著下降⋯⋯水位對巴菲特合夥事業的表現影響極大。」

那投資人該怎麼辦呢？

8.3

快樂的中點

「不論一天跌 508 點或 108 點，好公司最後總還是會成功，而平庸的公司會失敗，投資人的獲利則會因為投資不同企業而有所差異。」

—彼得 · 林區（Peter Lynch）

現在我們瞭解到美國聯準會的職責，主要是穩定經濟體系的波動，若經濟過熱導致通貨膨脹飆升時，美國聯準會便將採取升息或量化緊縮的政策，用以抑制過熱的經濟；反之，若經濟發生衰退或蕭條，美國聯準會也會採取降息或量化寬鬆的政策，藉此刺激經濟的復甦。

那麼，我們可否透過預測經濟景氣循環，提前判斷美國聯準會將採取什麼樣的行動呢？

從邏輯上來看，當然是可以的。

然而有關於經濟的預測，實際執行起來卻是非常有難度的！

就像 2022 年誤判通膨局勢，以及 2007 年春天，國際貨幣基金組織（IMF）甚至說：「世界經濟的風險已退，美國經濟穩健，其他國家情勢也令人鼓舞。」但豈知在 2008 年便發生了金融大海嘯……。

連同前聯準會主席亞倫・葛林斯潘（Alan Greenspan）後來也承認：「傳統預測總體經濟發展的計量經濟模型，竟在最需要它的時候失靈了。到底哪裡出錯？為何幾乎所有的經濟學家和決策者都眼盲心盲，均未看到災難的來臨？怎麼這麼多的專家甚至包括我在內，都未能看到它正在接近……？」

這也是巴菲特為何會說：「我從來不把時間和精力花在分析宏觀經濟上。投資者經常預先做出對經濟情況的推測，然後去選擇那些符合這種推斷的股票，我始終覺得這種想法非常愚蠢。」

在《精準預測：如何從巨量雜訊中，看出重要的訊號？》（The Signal and the Noise: Why So Many Predictions Fail—but Some Don't）這本書有提到，經濟預測的困難，原因有以下兩點：

第一，大多數經濟的資料序都受到修訂的影響，在統計數據首次發表之後數個月甚至數年都還會進行。例如，2008 年最後一季政府對國內生產毛額成長的估計，一開始只有報告 3.8% 的衰退，但現在數據已經跌了將近 9%。所以，若你以當下發佈的經濟數據來預測，準確度一定會有問題。

第二，一個經濟模型所依據的過去資料之所以出現，一部分是因為當時進行中的政府決策。所以你也必須知道當時的的財政和貨幣政策是什麼樣子？

這也是 2018 年美國川普總統，一直不希望美國聯準會主席鮑爾「急於升息」的原因。因為他正要和中國展開貿易談判，而中美貿易大戰的結果難以預料，可能之後也會影響到美國自身的經濟，這

正是對於只會看經濟統計數據的專家們完全不了解的領域。

既然經濟預測非常困難，那麼投資人又該如何因應？

其實，我建議大家先看看你的投資組合是否對這些政策免疫，就像你突然感冒，看病時問醫生自己應該怎麼辦？醫生回答你的內容一樣：「多喝水身體自然會康復。」

容我舉第七章的內容當做例子（內容請見「7.2 約翰‧聶夫的衡量式參與—建構升值潛力的投資組合」的介紹），雖然 2022 年 10 月 28 日，我持有的那 10 支股票（股價總計）已跌到 1,413.6 元（141 萬元），但隔年 2023 年 6 月 21 日，股價總計又已回復到 2,427.6 元（242 萬），就像 2022 年根本沒發生過黑天鵝事件一樣。

就如同彼得‧林區所說：「不論一天跌 508 點或 108 點，好公司最後總還是會成功，而平庸的公司會失敗，投資人的獲利則會因為投資不同企業而有所差異。」所以，只要每年透過精挑細選未來展望好，且價格合理的好公司，那麼你的投資組合對「黑天鵝事件」（Theory of Black swan Events），就有較佳的免疫力。相反的，你總是盲目跟風，追逐股價已漲過頭的熱門股，而這時只要一發生黑天鵝事件，你的抵抗力肯定就會變得很薄弱。

接著，若你的投資組合免疫力佳，那麼每當發生黑天鵝事件時，你反而可以利用它所造成的震盪來獲利。例如霍華‧馬克斯在著作《掌握市場週期：價值投資大師霍華‧馬克斯教你看對市場時機，提高投資勝算》（Mastering the Market Cycle：Getting the Odds on Your Side）中的建議：「雖然我們無法預測經濟的高低點，但可以

掌握它週期擺盪的中點。」他更稱呼這個中點爲「快樂的中點」，只要在這中點之下先行佈局，之後再等待它週期往上擺盪，即可獲利（見圖8-2）：

圖 8-2

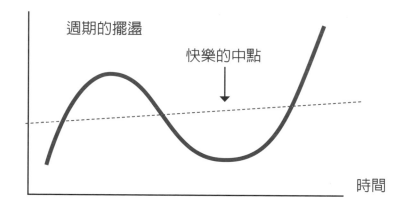

那應該要如何判斷呢？

因爲每當經濟週期開始下行擺盪時，必定會影響股票價格跟著向下擺盪到內在價值之下，這時你就可以採用霍華‧馬克斯（Howard Stanley Marks）的建議：「優秀的投資人，他會計算每個潛在投資資產的實質價值，而且當價格相較於目前的實質價值有任何折扣，加上實質價值在未來有潛在增值的可能，就表示以目前價格買進是個很好的構想，於是就會買進。」誠如2022年，我就是趁股市大跌時，以117的價位買進閎康（3587）。而2023年6月21日，閎康（3587）的股價已經反彈到235元。

有關於內在價值的評估，讀者可參考前面章節我介紹的「現金殖利率法」（可考「2.3 何謂「現金殖利率法」？為何在台灣比較適用？」的相關內容）

所以，每當發生黑天鵝事件造成金融市場的動盪時，我們都應該視為天下掉下來的禮物，因為它是購買績優股的最佳時機。就是利用股市向下的擺盪，購買財務體質佳、競爭力強的業界龍頭股。而這種股票很好辨認，就是你之前很想買，但股價總是跌不下來的股票。

請記住，「泰極否來」和「否極泰來」是經濟週期的常態，尤其每當經濟展望大好，股市呈現瘋狂暴漲時，千萬不要盲目追高，因為美國聯準會可能會忽然打壓過熱的經濟，潑你冷水；反之，若經濟展望不佳、陷入衰退，導致股市呈現崩跌走勢，大家也千萬不要恐慌殺低，因為美國聯準會可能會忽然雪中送炭，挽救經濟。

最後，我以霍華·馬克斯的話來做個總結：「我們必須強調，等到市場下跌後才退出市場，因此而未能參與到週期性反彈，絕對是投資的原罪。在週期下降階段，你一定會體驗到按市值計價的帳面虧損，但只要你能堅持有到回升階段，那種虧損不盡然是致命的；只是如果你選擇在底部賣出，把單純的下降波動轉化為永久性的虧損，那就真的是可怕的事了。」

後記

「我的劍留給能揮舞的人。」
—查理・蒙格（Charles Thomas Munger）
《南加州大學畢業典禮的演講結語》

　　我記得在讀專科學校的時候，那時很流行看一種 3D 立體圖書，它並不需要戴 3D 眼鏡，但你看時必須透過鬥雞眼的技巧（改變視線聚焦）才看得到。但是因為我本身並不會鬥雞眼，所以一直無法體會 3D 立體圖的感覺。

　　還好書中後面有附上一些讀者的留言，教一些不會鬥雞眼的人，如何看到 3D 立體圖。其中有一個人的建議是，用一條極細的鐵絲，將一邊捲成一個小圓圈，就像針的針孔一樣。然後將那根鐵絲放在 3D 立體圖書前，但眼睛要一直盯著鐵絲的圈孔，而不是 3D 立體圖。於是我就依樣畫葫蘆，當我移動鐵絲的圈孔，距離 3D 立體圖書到某一個適當的距離後，神奇的事情發生了，我終於看到 3D 立體圖，它真的是立體的，而且它還是浮在半空中。

　　我非常感謝那位讀者的善心，我才能體會到 3D 立體圖的世界。這也讓我聯想到《綠野仙蹤》（The Wonderful Wizard of Oz）裡的錫樵夫（Tin Woodman），他一直認為自己沒有心，但魔法師有提點他，其實他的行為，足以代表他是擁有一顆心的。所以我寫作此

書的目的，也是希望藉由分享我的善心，讓其他人也能體會到投資股票的世界。

在本書的尾聲，我想再度回顧一下《綠野仙蹤》的故事：

並不是奧茲魔法師給了稻草人文憑，稻草人就擁有智慧；給了錫樵夫愛心時鐘為見證物，錫樵夫就擁有善心；給了膽小獅子勳章，膽小獅子就擁有勇氣。而是他們在追尋目標的旅程中，紛紛展現了這些的特質。

如同法國小說家普魯斯特（Marcel Proust）所說：「智慧不是外來的，而是要你自己親身經歷那無人可以取代也無可推卸的人生旅程，才能從中領悟。」

最後，我想跟大家說的一句話，是英國詩人艾略特（Thomas Stearns Eliot）的經典名言：「結束也是創造另一個開始，終點即為我們開始的地方」。雖然《大師之路》的旅程已結束，但接下來才是各位投資者「英雄旅程」真正的起跑線！由於唐鳳從小就選擇一條非典型的自學道路，他在著作《破框思考力》中說過：「自學路上，讓自己不孤單最重要；知識必須透過討論，才能產生價值。」

所以，為了跟《綠野仙蹤》裡的桃樂絲、稻草人、錫樵夫和膽小獅子一樣，讓我們能一起攜手合作追尋未來的財富之路。我因此成立了「汪汪財經隨筆集」粉絲專頁，希望能營造一個空間，讓大家一起分享、交流、打拚的園地，也就是「投資者的英雄聯盟」。

再次歡迎大家一同加入，謝謝！

識財經 45

大師之路：上班族無痛理財，魔幻取金旅程

作　　者—汪汪老師
視覺設計—徐思文
主　　編—林憶純
行銷企劃—蔡雨庭

總 編 輯—梁芳春
董 事 長—趙政岷
出 版 者—時報文化出版企業股份有限公司
　　　　　108019 台北市和平西路三段 240 號
　　　　　發行專線—（02）2306-6842
　　　　　讀者服務專線—0800-231-705、（02）2304-7103
　　　　　讀者服務傳真—（02）2304-6858
　　　　　郵撥— 19344724 時報文化出版公司
　　　　　信箱— 10899 臺北華江橋郵局第 99 信箱
時報悅讀網— www.readingtimes.com.tw
電子郵箱— yoho@readingtimes.com.tw
法律顧問—理律法律事務所　陳長文律師、李念祖律師
印　　刷—勁達印刷有限公司
初版一刷— 2023 年 10 月 6 日
定　　價—新台幣 380 元

時報文化出版公司成立於 1975 年，並於 1999 年股票上櫃公開發行，於 2008
年脫離中時集團非屬旺中，以「尊重智慧與創意的文化事業」為信念。

大師之路：上班族無痛理財，魔幻取金旅程／汪汪老師作 . -- 初版 . -- 臺北
市：時報文化出版企業股份有限公司, 2023.10
　　208 面；17*23 公分 . --（識財經）
ISBN 978-626-374-017-4（平裝）
1.CST: 股票投資 2.CST: 投資分析 3.CST: 投資技術
563.53　　　　　　　　　112009656

ISBN 978-626-374-017-4
Printed in Taiwan